珍稀佛教典籍丛刊

鼓山志

元贤 著　纪华传 点校整理

宗教文化出版社

图书在版编目（CIP）数据

鼓山志 / 纪华传点校整理 . -- 北京 : 宗教文化出版社 , 2023.4

（珍稀佛教典籍丛刊）

ISBN 978-7-5188-1415-2

Ⅰ . ①鼓… Ⅱ . ①纪… Ⅲ . ①山 — 地方志 — 福州 — 清代 Ⅳ . ① K928.3

中国国家版本馆 CIP 数据核字 (2023) 第 061134 号

鼓山志

——珍稀佛教典籍丛刊

元贤 著 纪华传 点校整理

出版发行： 宗教文化出版社

地　　址： 北京市西城区后海北沿 44 号 （100009）

电　　话： 64095215（发行部） 64095265（编辑部）

责任编辑： 王志宏

版式设计： 武俊东

印　　刷： 河北信瑞彩印刷有限公司

版本记录： 880 毫米 ×1230 毫米 32 开 8 印张 200 千字
2023 年 9 月第 1 版 2023 年 9 月第 1 次印刷

书　　号： ISBN 978-7-5188-1415-2

定　　价： 58.00 元

鼓山志 四

此八千卷樓藏本後歸江蘇圖書館藏後流出以其有汪魚亭藏印故收之 元海

目　录

鼓山志

鼓山志序

鼓山之鎮我閩也，非獨以其形勝奇偉足冒羣巒，寔以諸祖之碩德宏聲，輝煌千載。故東南半壁，咸式仰之，是豈可令其湮沒於凉煙荒草而弗之傳乎？若夫考古傳今，實惟志之是籍。兹山古無志，志之自永樂間釋善緣始，然序列無紀，采錄亦疎，觀者病之。至萬曆戊申，郡紳謝在杭同布衣徐興公再為纂輯，則綱舉目張，井然有紀，旁搜遠攬，纖悉靡遺，大有功於是山者也。迄今四十六載，黄金重佈，紺宇再隆，石門壁聳於青霄，毒鼓雷轟於白日，亦庶幾續獅絃之絕響，繼喝水之遺聲。且遊屐日衆，歌咏日繁，興公複采而集之者二卷。及余自浙東歸，興公以所集見付，曰："㓜老矣，精力弗逮，師其卒成之。"余頂受，如獲瑾璧。由是乃因前志而更修之，詳其所未及收，廣其所未及紀，間有訛誤者正之，泛濫者刪之，合之為目者六，為卷者十有二。

余山野之鄙人也，三長有愧，五技俱窮，何敢妄登作者之壇。但為當今之世，抱長才者方志圖其大，弗暇及此。或有餘力者又鮮究心禪學，則以兹山為登眺之區，吟嘯之境而已，任是者實鮮其人。況余今年已衰暮，木末殘炤，光景幾何，釋今弗為，後將安託？故不揣愚蒙，謬成斯志。志成，以山野之筆，不敢邀弁首於名門，但自叙其顛末以告來者云。

嗣曹洞正宗第三十二代住當山沙門元賢題

鼓山志凡例

一、舊志峯巒、巖石、泉井、池塘各為一類，今則併入峯巒之下，以便觀者。

二、茲山知名海內者實以人重，非以形勝重也。歷代住持，今擇其尤者各為立傳。永樂之後，住持德不稱位，悉削去。

三、古寺諸小寮舍，興廢非一，無定名，亦無定處，故今弗錄，惟址可考者詳之。

四、支院歷年既久，倏忽有無，難以盡載。今惟存者載之，已廢而址存者亦載之。

五、本山亭榭，其名屢易。前志不察，有一亭而為三亭者，今悉改正。

六、歷代住持塔，唯現存者載之。塔無存者不載，會塟住持塔者不載，或塔在他剎者亦不載。

七、寺田產半入學宮，半歸豪右，今無存，故不志。

八、本山刻石者多，今悉收入貞珉志，唯詩別入藝文志。

鼓山志卷一

住山釋元賢纂修

勝蹟志

溪山之勝，雖本天造，亦藉人顯。茲山唐以前，但為龍蟒之宮，虎豹之穴而已。自法幢既建，榛莽漸開，幽巘奇蹤，始經指點，然猶有杖履所未及者。雖有如椽之筆，安能狀其冥奧哉！志勝蹟。

鼓山，距郡城之東三十里，屹立海濱，其高可十五里，其延袤可數十里，實郡之鎮山也。郭璞《遷城記》云："右旗左鼓，全閩二絕。"蓋堪輿家以其形類鼓，且以對旗山得名也。或云山之巔，有石如鼓。或云海風入時，諸巖壑中，逄逄若鼓聲。俱非郭璞取象之本意也。

屴崱峯，俗名大頂，即鼓山最高處也。上矗鵬霄，羣巒俯伏，其頂常為雲氣所籠，必天朗氣清，始可登眺。南望則雙江如帶，環繞山下，合於馬瀆而達於海，隔江諸山如象奔，如虎踞，皆止於江干而不敢渡。西望則榕城十萬烟火，僅同村落，其餘若聚米，若棊布。而第宅之鉅麗，壹閣之繁華，皆自失於滄漭之中。北望則層巒疊嶂，爭奇競峭，若擁而立於其後者，葢不知幾千里也。東望則溟渤茫然，以天為岸，若有青螺數點，隱見於烟波之中者，相傳以為大小琉球，未可知也。其旁有神泉噴石壁中，相傳可以愈疾。大旱禱雨，官常請水於此。刻石之最著者，陳烈《鼓山銘》，徐鹿卿《請雨記》，朱熹“天風海濤”四大字也。

白雲峯，俗名小頂，即在大頂之下，正當寺之背，故寺亦名白雲。登眺所見，稍同大頂，但不能東窺大海之無際矣。下有忘歸巖（靈源洞，亦有忘歸石）、絁猫石。

鳳池山，在大頂之北，四山環抱，南闢為門，中平衍可百餘畝。池可十畝，不納他流，而大旱弗涸，蓋天池也。當萬山之巔，懸崖峭壁無所置足之地，而忽能有此，豈非超異之境哉！據《靈源集》載，唐初，有鳳來浴於此，故名。而鄉名鳳池東鄉，鳳池西鄉，亦皆本此。有巖二面，圓如鼓，徑一丈，名石鼓巖。有兩石對結，如雙髻，名雙髻石。有石如掌，刻“觀音掌”三字。有石如塔，名塔石。

靈源洞，在寺之左，乃大頂左支。下結為洞，洞門甚狹。下石磴六十餘級，中忽開朗，兩壁如削，中裂一澗，深可三丈，以其有似於洞，故以洞名。跨以石橋，橋下無水，相傳謂晏國師安禪於此，惡水聲喧，喝之，遂逆流別澗。有喝水巖在澗之端，乃因澗得名。國師巖在澗之底，有石龕深廣約十尺，相傳謂國師坐禪於此。忘歸石在洞東壁，將軍石狀，若甲士在忘歸石前。仙蹟石在將軍石下，有指痕四。雞頭石在洞壁之上，一峯獨聳旁垂，如俛啄狀。緣崖小徑逶遞而東，有龍頭泉，其泉噴石壁中，乃西澗逆流而出於此者。泉勢甚大，引之以石龍，注之以石池。池水弗溢，伏流而下，出於前澗。又東，則有石白猿峽，昔有白猿居之。峽之左有石門，二石嵯岈，對峙如門。度石門，則有臨滄舊址。又東則為水雲亭，俗呼鳳尾亭，以山形類鳳之尾故也。前望豁然，三江彙而萬山横，靈源之觀止此矣。自入洞至此，刻石者共一百四十三人，其最著者為蔡襄、陳襄、李綱、趙汝愚、朱熹、真德秀也。

獅子峯，在小頂右支，繞寺西而峙於此，形若獅子踞地，故名。山徑險窄，怪石棊布，上有洞，名達磨洞。洞中有泉，甘寒可愛。峯之後有古亭址，望州城最邇，疑即古之望州亭也。旁有石竈，相傳謂靈嶠初入山時，嘗爨於此，或疑即亭中烹茶之竈也。臥石中刻“諸惡莫作，眾善奉行”八大字，筆力遒勁，蓋宋書也。

鉢盂峯，在獅子峯之東，以其頂若覆盂故名。其下有石，卓立如圭，刊“高山仰止”四字。有石方廣三丈，名羅漢臺。其前，即古松關也。

香爐峯，在鉢盂峯之東，正為寺之前案，故有香爐之名。其前即觀化亭，三塔在焉。

舍利窟，俗名笊籬窟，在香爐峯之前。自山腰斜分一徑而入，別為一區，倚崖架屋以居者二十餘家。相傳謂閩王創寺時，民有罪者令其効力於寺，役滿而無所歸者，遂居於此。今其子孫衰替，僅存一二，逃散他方，常住為贖其地。

東峯，在鉢盂峯之前，上山路經其旁，有圓通庵在焉。

卓錫峯，由東峯左支湧起，尖秀卓立，即為海會塔對山也。

乘雲嶺，在東峯之下，即上山大路也。由東際橋上嶺一里許，有山泉瀰漫石面。石面上有“青山綠樹”及“東障鵬霄”八大字。又半里有亭曰乘雲，有泉曰靈泉。石壁中大書“乘雲”二字。又一里有亭曰合珪，有二石合立如珪云。

鼓碕崗，在卓錫峯之前，下臨鼓碕江，有石如鼓。

蕭灣嶺，在鼓碕崗之左，有巖形若懸鍾，郡人郭波為書“懸鍾嵓”三字。

蓬碕嶺，在蕭灣之左，山石重疊。有蛇洞空濛屈曲，莫知所止。有石如劍，名劍石。

獅眠崗，在山之南麓，廨院之左。普度寺在其下，有小溪環於前。

半月崗，在獅眠崗之右，古有讖云："半月山下出繡女"，以其丘清淑靈秀云。

牛眠崗，在廨院之右，其體皆石，鑿數百級以登。兩傍皆古樹，根盤石隙。上有黃石公廟，前有溪，名子房溪，橋名圯橋。

天鏡巖，在般若洋之前，吳坑之上。巖中有洞，深可八丈，廣二丈。上有一竅，其圓如鏡，天光下矚，故名天鏡。崇禎戊辰，僧智諦始闢剏樓，倚洞以居。

白雲洞，自鳳池西歷數里而降，有洞名海音，其口可坐四席，中雖小而深莫測。昔有羽流居之，時聞海潮之音，故名。其下則為白雲洞，萬曆丙戌，僧悟宗始闢。深僅丈許，廣逾五丈，倚巖為屋，石天為蓋。白雲混入，則咫尺莫辨。忽然開霽，則榕城烟火，邇逼眉睫，四郊青黃，綺麗萬變，恍若坐十二樓臺覷花錦世界也。洞旁有泉，味為諸泉最。前小徑，危險特甚，皆鑿石為梯，歷石門者三，名天門，皆巨石當道，中開一竇可度。有佛頭崮在海音洞前，雲屏巖在白雲洞前，叫佛嶺在一天門下，龍脊道在二天門下，吼雷湫在龍脊之上，印月潭在吼雷湫前，金剛石在印月潭上。

桃巖洞，在山之西南麓，深可丈餘，廣可二丈。遠眺不逮達磨洞，恠險不逮白雲洞，然實以幽寂自勝。且洞前有田可耕，有圃可種，而探奇賞勝者又以其僻而弗之及，則玆寔隱山者所宜居云。

論曰：昔王敬美謂玆山以峻名，以登眺勝靈源之外，奇麗無聞，而議者猶惜其不到鳳池，而白雲洞尚未闢也。葢山中諸勝，奇秀則稱靈源，超異則稱鳳池，恠險則稱白雲三天門。若夫登高眺遠，兼收山海之奇，為八閩之獨勝者，則屴崱無尚矣。故今古名賢杖履而遊，嘆賞之不足，繼之以歌詠者趾相錯也。然大抵皆心逐境遷，神為物繫，攸然而開豁，倏然而幽鬱，倏然而身世可捐，倏然而塵埃難脱，豈遊之義乎！豈遊之義乎！孔子登東山而小魯，登泰山而小天下，固當自有別趣也。

鼓山志卷一終

鼓山志卷二

住山釋元賢纂修

建置志

金光東炤，花宇旋張，然必宅之靈秀，護之王臣，此湧泉所由立也。但天邊之烏兔遄飛，人間之木石易壞，詎可巋然常存乎？遞興遞廢，或革或鼎，玄運物化，本如斯也。志建置。

寺宇

鼓山白雲峯湧泉禪寺，在山之半，其先為潭，毒龍居之，每作風雨，損禾稼。唐建中四年，從事裴胄請僧靈嶠遣之。嶠入山，誦《華嚴》於潭之旁，龍出聽法，遂移去。因奏建華嚴寺。會昌沙汰，僧徒逃散，鞠為蓁莽，垂七十年。梁開平二年，閩王審知，填其潭為寺，名湧泉寺，請僧神晏居之，眾常万指。宋真宗御極之二年，賜額“鼓山白雲峯湧泉禪院”。明永樂五年，改為寺。嘉靖壬寅二月，為野火所焚，一夕俱燼，僧遂遷居下院，而寺變为荒丘矣。至萬曆間，有僧月江等營靜室以居，後月江之徒智諦以寺基分與智益、道瑞、如鑑，各造庵以居。諸檀越謂寺分四家，決無復興之日，乃勸合一。由是僧道瑞、弘曉等始出而任興造之事。次年，往請博山開法，則天啓丁卯也。至崇禎甲戌，郡紳請僧元賢住持，凡二十載，始復舊觀。

大雄殿，舊址也，梁開平二年閩王建。宋皇祐元年，僧德建重建。紹興壬申，僧祖珍重建。嘉定己巳，僧行謙重修，砌起殿前游廊之地。明永樂六年災，宣德壬子，僧文㝠復建，又於殿前砌起月臺及東西階。嘉靖壬寅災，至萬曆己未，郡紳曹公及里人陳會軒等倡建，請僧道東住持。殿成而道東去，僧智諦乃理殿事。崇禎壬午，為海風所壞。癸未冬，僧元賢重建，仍重砌月臺及大庭石。

法堂，在大殿之後，舊址也。梁開平二年，閩王建。紹興九年，僧士珪重建，乃擴而大之。紹興己卯，為洪水所蕩，僧宗逮修復。永樂六年災，僧善緣復建。正統間，僧文憲重建。嘉靖壬寅，又災。至崇禎己巳，僧弘曉募建。

方丈，即古嚬呻齋也，在法堂之右。古興廢不可考，至崇禎己巳，僧弘曉募建。

藏經堂，在法堂之左。崇禎丙子，曹公學佺建。

齋堂，在大殿之東，藏經堂之前。天啓丙寅年，眾僧為請博山和尚始建，乃西向。弘光元年乙酉，僧元賢改南向。

白雲堂，在齋堂之前。弘光元年建，以館賓客。

禪堂，在大殿之西。方丈之前，崇禎甲申春，郡紳邵公捷春建。

梵行堂，在禪堂之前。甲申夏，改舊禪堂為之，以居行僧。

華嚴堂，在梵行堂之前。庚寅冬，撫臺佟公捐俸建。

淨業堂，在白雲堂之前。先是万曆間，僧智益建菴三間，名東菴。天啓丁卯，贖入常住，屋小而敝。庚寅冬，乃建為淨業堂。

伽藍、閩王二祠，在大殿東廡，西向，甲申冬建。

祖師、壽昌二堂，在大殿西廡，東向，甲申冬建。

鐘、鼓二樓，在大殿兩廡，東西對峙。崇禎癸酉冬，郡紳林公弘衍建。

天王殿在大殿前，梁開平二年閩王建。紹興七年，僧士珪重建，上為羅漢閣，下為金剛殿。淳熙六年，僧德最重建，改名飛錫閣。永樂六年災。宣德癸丑，僧文穹建，仍為閣。嘉靖壬寅，又災。至崇禎甲戌，曹觀察復建為殿三間。癸未冬，元賢復於左右各翼一間以為十方堂，殿下有古龍潭，水出殿左，前有羅漢泉。相傳有僧來此以手指而泉湧，故名羅漢泉，又寺名亦因此而得也。

旦過樓，在淨業堂之東，辛卯年春建。

香積廚在齋堂之東，凡六間，弘光元年建。

小客堂，在白雲堂之東，弘光元年改舊觀音堂為之。

浴堂，在禪堂之西，甲申冬建。

戒月寮，在華嚴堂之右，癸巳冬建，以居來受戒者。

雜務寮，在梵行堂之西，甲申冬建。

放生池，在寺之東南方，圓可四十餘丈。先是宋紹興十三年，僧眾多病，僧宗演乃開池，池成，而眾病愈，後歲久壅塞。至正丙申，僧崇祖重開。崇禎己巳復開。

碓磨坊，在本寺東臂，順治壬辰年冬建。

山門，舊址也，古額“無盡之門”，久廢。天啓己丑，曹公學佺復建。丙戌年，為海風所敗。至順治癸巳冬，信士鄧文美捐資重建。

支院

白雲廨院，在山之南麓，寺中屯積糧米及耕墾田園之所。始創自閩王，中為殿，後為法堂，左右為祖師、伽藍二祠，東廡為齋堂、廚竈，西廡為倉場、客省，前為山門。政和元年災，僧體淳重建。宣和五年又災，前僧又建。紹興己卯，為水所蕩，僧宗逮修復。至正十三年，為山寇所焚，僧宗祖重建。至正癸卯，僧崇寶建觀音殿。弘治辛亥災。癸丑，復被山水所潰。甲寅年，鎮守太監陳道捐俸建。自嘉靖壬寅湧泉寺災，僧悉遷居此，後遂分為各房，漸至消殞，靡有孑遺。崇禎壬午年夏，縣官點僧智諦住持。

三昧塔院，俗呼南院，在卓錫峯之東。元至元二年僧俊明始建，洪武庚申僧正玉重建，住持塔多在此。後院廢，遂為宦家丘壟，諸塔盡毀。

普度塔院，在廨院之前，獅眠崗下。元大德甲辰，僧道傑始建，祖塔甚多。後院廢，遂為宦家丘壟，諸塔多毀，今所存者四塔而已。

深翠塔庵，一名南菴，在海會塔下。紹興間，僧士珪建，歷代住持塔因為立院於其旁。成化間，僧道恂重建，今廢址尚存。

積翠塔菴，地名黄坑，在白雲洞下。宋住山嗣公、越公二塔在焉，後廢。萬曆丙申，僧悟宗剏菴五楹。其傍有元真菴，今廢。

雪臥菴，在大頂北鳳池之傍。古菴廢久，萬曆間僧結茅以居，後漸成菴。崇禎己卯，僧大思送入常住，始扁曰“雲卧”。

調象菴，在小頂之下，天啓甲子年僧明超建。

無諍居，在獅子峯後，右巢中。庚寅年，僧道宗建，其旁卧石，中刻云：“我得無諍三昧，人中最為第一”，故名。

圓通菴，在東峯之下。紹聖二年，僧潛洞建茶亭於此。慶元己未，僧祖鑑改為圓通菴，祀觀音大士。咸淳六年，僧正凝甃前石壇。大德己卯，僧道傑重建，又於前作過路亭。洪武甲戌，僧正玉重建亭。成化癸巳，僧德丰重建菴并亭。萬曆丙申，郡人徐熥重修菴，其亭已廢。

般若菴，在保老洋。崇禎間建，以居耕衆。

吸江蘭若，在舍利窟。順治乙未冬，僧成源，仝信士羅等法建。

平楚菴，在卓錫峯之西，獅眠崗之後。至元間僧光聳建，久廢。至順治壬辰，僧道喻重建。

鼓碕莊，在上碕。己丑年，買民基創庄，以佃富室之田。每歲收其子粒，輸租之外，取以供眾。

橋亭

石卷橋，在殿前明堂之中。宋乾元壬戌，僧士珪砌石為池，跨池為橋，以壯觀覽。

駐錫橋，在寺門外。舊名羅漢橋，元賢改今名。

蹩躠橋，在靈源洞。唐時已有之，崇禎癸酉年，有巨石下墜，橋盡毀。明年，方伯申公紹芳捐俸重建。

東際橋，在廨院之左，取《華嚴經》福城東際之義。紹興辛巳，僧宗逮造，橋上覆以亭，後亭圮。隆慶壬申，僧明遠重構。崇禎戊寅又圮，曹觀察復搆。

龍橋，在廨院門外。昔有龍現，故名，其傍有瑞泉。

白雲亭，在靈源洞蹩躠橋上。景泰辛未，僧祖達建。今無存。

湧泉亭，在龍頭井。延祐乙卯，僧妙有建。天順甲申，僧祖達重建，後圮。萬曆庚戌，林應祺復建。今廢址存。

臨滄亭，在靈源石門之東。初嘉祐間，郡守元絳建，因名元公亭。後紹興間，僧本才重建，更名臨滄。今廢址存。

水雲亭，在靈源洞盡處，鳳尾坡上，俗呼鳳尾亭。宋淳熙間，僧元嗣建。元統間，僧如山重建，以朱晦翁“天風海濤”四字揭眉間，俗又呼天風海濤亭。永樂四年，僧善緣重建。天順甲申，僧祖達修。今廢址存。

石門亭，在山門右五十步搆亭壘石為門。始立寺時有之，國師云“不跨石門”者，此也。嘉熙甲辰，僧德融重建。至順壬申，僧至嵩又建。今廢址存。

觀化亭，在山門右一里高坡之上。初名更衣亭，以閩王來，在此更衣，故名。後大德丙午，僧道傑建，改名普賢境界。元統間，僧如山修。成化庚戌，僧德丰重建，更名觀化。今廢址存。

松關亭，在觀化亭西約五十步，古有喬松森列，故名。嘉熙甲辰，僧德融建。大德乙巳，僧道傑重建。至順壬申，僧至嵩又建，改名後樂亭。今廢址存。

合珪亭，在圓通菴之下，以山有巨石二形如合圭故名。又以在嶺之半，故俗呼半山亭。初紹興甲申，僧宗逮建。嘉熙甲辰，僧德融重造，廢久。天啓壬戌，郡人陳弘道造，内供石塔一座。丙戌年，為海風所敗。至順治癸巳，信士楊弘材、鄧文美仝建。

乘雲亭，在合珪亭之下。初嘉熙丙午，僧德融造，名梯雲。洪武間，靈武王翰更名乘雲，鐫“乘雲”二字於石。永樂間，僧善緣重建。正統間，僧文憓又建，後人復因亭傍有泉故又呼靈泉亭，久廢。崇禎戊辰，郡人林大緒重建，有宋天禧二年，瓦塔一座置亭中。

祝聖萬年山亭，在龍橋前。淳熙丁未，僧宗信立碑作亭。元統甲戌，僧如山重架亭。

通霄路亭，在萬年山碑前。嘉熙間僧德融建，取國師“他家自有通霄路”之語。至正丙午，僧覺我重建。今廢址存。

祖塔

興聖國師塔，初葬桐口沙溪，閩王為建塔。顯德五年，見夢於寺僧，欲歸本山，仍移塔於法堂之後。嘉靖火後，湮沒不存。天啓丁卯，僧考舊志知塔在上方，乃墾土六尺得石槨，啓槨，異香逼人，得頂骨、一齒二，乃重伐石起塔封之。

瑞嚴扣氷古佛塔，在牛坑。因扣氷古佛入滅於鼓山，荼毘得五色舍利甚多，閩王為建塔於此，賜名瑞應。順治壬辰年，住山元賢重修。

歷代住持塔，號最勝幢，在海會塔之下。先是列祖靈骨各自為塔，紹興十年庚申，僧士珪乃造此塔，合葢列代靈骨以便香火，後代住持多葢於此。

佛心才大師塔，在歷代塔西北。崇禎壬午，住山元賢改至香爐峯前。

山堂僧洵禪師塔，在國師塔之西崦。舊塔頹廢，順治辛卯冬，住山元賢修。

木菴安永禪師塔，在歷代住持塔之右。

寒巖道昇禪師塔，在香爐峯之前。久廢，崇禎壬午，住山元賢修。

小庵德最禪師塔，在廨院後。

直庵元嗣禪師塔，在黄坑積翠庵。

檜堂祖鑒禪師塔，在寺之西畲。順治壬辰年元賢修。

不羣清越禪師塔，在黄坑積翠。

無行達真禪師塔，在歷代住持塔左。

無關普門禪師塔，在瑞巖古佛塔之右，塔已壞。

佛慧妙辯平楚大師塔，在舍利窟之下。

簡翁文穹禪師塔，在寺之西畲。

無異大師衣缽塔，在香爐峯之前，佛心塔之右。崇禎壬午住山元賢建。

永覺老人塔，在大寺西畲，檜堂塔上。

海會塔，在缽盂山之下。舊大觀三年僧有需建，政和二年僧體淳造亭蓋之。歲久頹廢，崇禎庚午正月，監院等重修，內有三壙，中壙藏一小瓦棺，乃木蛇禪師靈骨，左右二壙藏海眾靈骨。今將舊靈骨盡移入左壙，而虚其右壙以待方來。

報親塔，在舍利窟之東隅。順治壬辰年，僧道上、信士陳寂知倡建，以葢諸僧父母。

論曰：湧泉之興廢，路人能言之也，夫亦知易之道乎？《易》曰：上棟下宇，以待風雨，蓋取諸大壯。取其四陽之方盛也，亦取其盛而未極也。又曰：棟隆，吉，以其剛而得中也。棟撓，凶，以其柔而失中也。豈非以宮室不欲其過盛，且必有剛中之德以持之，不則有棟撓之凶而已。昔湧泉之盛也，飛甍峻宇，已極人間之鉅麗，猶賴有德者居之，庶可持盈而不墜。厥後以涼德處盛極之勢，如之何不至湮沒乎？故雖以列祖之德，閩王之威，而曾不能與樵豎之火格數也，亦理也。今茲再造，僅逮古人之半，而居者猶以缺陷為耻，游者且以觀覽未壯為嫌，獨不思古之學佛者，樹下可宿，塚間可居。今之湧泉固非樹下塚間之比，況剛中之德未聞而妄希棟隆之吉，無論其求之弗得，營之弗就，即能媲美前規，亦安能保其無棟撓之凶乎？是亦未講於易之道也。

鼓山志卷二終

鼓山志卷三

住山釋元賢纂修

開士志

鶴樹談終，金容莫覩，所賴以傳佛心弘佛化者，唯僧。玆山自象骨分輝，興聖肇址，聯燈分炤者幾百人，可任其湮沒弗傳乎？志開士。

華嚴開山靈嶠禪師，未知何許人。先是鼓山有毒龍藏焉，每作風雨，損人禾稼。唐建中四年，郡從事裴胄請師遣之。師入山誦《華嚴》於潭傍，龍出聽法，遂引去。裴公乃奏請立寺，賜名"華嚴"。

湧泉第一代定慧廣辯圓覺興聖國師，諱神晏，大梁人，姓李氏。幼惡葷羶，樂聞鍾梵。年十二時，有白氣數道騰於所居屋壁，師即書壁曰："白道從玆速改張，休來顯現作妖祥。定祛邪行歸真見，必得超凡入聖鄉。"題罷，氣即隨滅。年志學，遘疾甚亟，夢神人與藥，覺而頓愈。明年又夢梵僧告曰："出家時至矣。"遂依衛州白鹿山道規禪師披削，往嵩岳受具。謂同學曰："白四羯磨後，全體戒定慧，豈準繩而可拘也。"於是徧叩禪關，而但滯於語言知解，乃造雪峯。居久之，一日，峯知其緣熟，忽起搊住曰："是甚麽？"師釋然了悟，亦忘其了心，唯舉手搖曳而已。峯曰："子作道理耶？"師曰："何道理之有？"峯審其懸解，撫而印之。梁開平二年正月，閩王奏立鼓山湧泉禪寺，具百戲香花詣雪峯，請師住持，仍奏賜紫衣，號定慧大師。後閩主延鈞加號廣辯圓覺興聖國師。僧問："如何是鼓山？"師曰："衆岳難偕。"曰："還許學人躡也無？"師曰："汝試下足看。"問："如何是鼓山正主？"師曰："瞎作麼？"問："如何是向上關棙子？"師便打。問："如何是包盡乾坤句？"師曰："近前來。"僧近前，師曰："是甚麼？"曰："不會，乞師指示。"師曰："去，鈍置人作麼。"問："作何方便得紹師宗？"師曰："岸谷無風，徒勞展掌。"上堂曰："今為諸仁者，剌頭入他諸聖化門。抖擻不出，所以向仁者道，教排不到，祖不西來，三世諸佛不能唱，十二分教載不起，凡聖攝不得，古今傳不得。忽爾是箇漢，未通箇消息，向他道，被他驀口摑。還恠得他麼？雖然如是，也不得亂摑。鼓山尋常道，更有一人不跨石門，須知有不跨石門句，作麼生是不跨石門句？鼓山住此山三十餘年，五湖四海來者，未見有一人快利。如今還有麼？也不昧兄弟，珍重。"天福四年六月十一日示寂，閩主為建塔於桐口沙溪之原。顯德五年，移建本山上方。《傳燈》。

第二代了覺大師，諱智嚴，姓卓氏，本縣康山人。參興聖國師得其法，居第一座。天福四年興聖遷化，舉代其席。上堂曰："多言復多語，由來返相誤。珍重。"僧問："石門之句即不問，請師方便。"師曰："問取露柱。"問："國王出世三邊靜，法王出世有何恩？"師曰："還會麼？"曰："幸遇明朝，輒伸呈獻。"師曰："吐卻著。"曰："若不禮拜，幾成無孔鐵鎚。"師曰："何異無孔鐵鎚。"周顯德六年，退休於東山眠雲寺。後示寂，荼毘得舍利，建塔於眠雲。《傳燈》。

第三代了宗大師，諱智岳，姓高氏，本里人。初入鼓山，禮國師披削。後遊方至鄂州黃龍，問曰："久嚮黃龍，到來，只見赤斑蛇。”龍曰：“汝只見赤斑蛇，且不見黃龍師。”曰：“如何是黃龍？”曰：“滔滔地。”師曰：“忽遇金翅鳥，又作麼生？”曰：“性命難存。”師曰：“恁麼則被吞卻也。”曰：“謝闍黎供養。”師未省，尋歸鼓山，舉似國師，國師為啓發，始悟厥旨。顯德六年，次補本山，為第三世。上堂曰：“我若全舉宗乘，汝等向甚麼處領會？所以向汝道，古今常露，體用無妨。”僧問：“諸餘即不問，如何是誕生王種？”師曰：“金枝玉葉不相似時作麼生？”曰：“恁麼即同中不得異。”師曰：“不得異事作麼生？”曰：“金枝爭能續？”師曰：“猶是閫外之辭。”問：“虛空還解作用也無？”師拈拄杖曰：“這箇師僧好打。”僧無語。乾德五年五月初十日遷化，即沙溪國師塔之舊址封樹焉。《傳燈》。

第四代了悟空曉禪師，諱清鶚，姓林氏，郡城人。禮興聖國師剃度，於國師言下朗符厥旨。乾德五年，次補當山。僧問：“亡僧遷化向甚麼處去？”師曰：“時寒不出手。”開寶九年退居昇山寺，府主錢公請住仙宗，繼遷蓮花山。淮海王公遠聞師德化，奏賜紫衣師號。雍熙二年正月十日臨入寂，說偈曰：“吾愛鼓碕深急水，足多魚鼈止其間。以石墜籃沉到底，打船歸去一時閒。”門人遵遺命，沉鼓碕江，魚黿不食。異時，漁人得之，因闍維塔於鹽嶼。後移塔鼓碕山之陽，從舊愛也。《傳燈》。

第五代清球禪師，姓王氏，泉州人。禮國師薙落。問：“如何是不跨石門句？”國師云：“門外漢問他作麼？”師當下知歸。開寶九年，府主移補本山。至雍熙三年十月初四日示寂，塔於本山，後移入歷代祖塔。

第六代法廣禪師，姓上官，永福人。禮當山了覺大師披削，後得法於了宗大師，居第一座。至雍熙四年，府主請住當山。淳化四年，退居千福寺。八月初七日示寂，塔於千福。

第七代法謙禪師，姓上官，永福人。禮了宗大師薙落，充侍者，歷書記，得其法，出世神光。淳化四年，府主請住當山。咸平四年，退居羅漢永壽院。次年七月十四日示寂。

第八代常遵禪師，姓鄭氏，本縣人，嗣當山宗曉大師。咸平四年，府主延住本山。大中祥符二年，移福清廣平寺，復移天王寺。乾興元年，府主陳公再移主本山。天聖元年三月十二日示寂，建塔於沙溪之原，後移歸本山歷代祖塔。

第九代圓應禪師，姓歐陽，永福人，本山披薙。參臥龍安國法空大師，得其法。嘗到林陽，值端禪師將入寂，陞堂辭眾。師出，問曰："雲愁霧慘，大眾嗚呼，請師一言，未在告別，端垂一足。"師曰："法鏡不臨於此土，寶月又炤於何方？"端云："非公境界。"師曰："恁麼則漚生漚滅還歸海，師去師來是本常。"端長噓一聲，師便禮拜，由是眾共推服出世，東山報慈。大中祥符三年，府主嚴公請主本山。明年十月十六日示寂，塔於本山香爐峯之東北，後移入歷代祖塔。

第十代如彧禪師，姓陳氏，郡城人。初從本山了覺大師披削，後嗣其法。大中祥符四年，府主郎中李公請住茲山。乾興元年九月初十日示寂，瘞本山羅漢臺東南，後移入歷代祖塔。

第十一代賜紫常恪大師，姓孫氏，懷安管源人。嗣當山宗曉禪師。初住楞嚴院，天聖二年，府主陳公移補當山。明道二年，相國王公遠聞師德風，奏賜紫衣。慶曆四年，退居乾元藏院。次年，歸水月堂。八年十一月五日泥洹，荼毘得舍利，瘞於桐口沙溪，後移本山歷代祖塔。

第十二代德建禪師，姓潘氏，本縣人。得法於等覺真一禪師。慶曆四年，府主禮部王公請住茲山。皇祐元年，重建大殿。二年正月，移主東山報慈。後歷主開元林陽延祥雪峯，退居東禪。纔二年，又請住靈峯。後移法海，以八月初八日遷化。

第十三代賜紫慶麟大師，姓林氏，福城人。幼入本山薙落，後得法於怡山真行禪師。皇祐二年正月，府主郎中成公請住茲山，始作《列祖聯芳集》。至嘉祐八年六月退位。治平元年閏五月十八日泥洹，塔於本山香爐峯北，後移入歷代祖塔。

第十四代啓請禪師，姓柳氏，漳州人。嗣潭州北禪崇聖院賢禪師。府主給事元公請住支提，後移主城中仁王寺。治平元年六月，請住茲山。後二年，移福清靈石終。

第十五代德蒸禪師，姓楊氏，福清人，嗣大乘寺曉禪師。治平二年六月，府主張公請住茲山。元豐二年正月二十九日坐化，逾七日，荼毘，牙齒舌根不壞。建塔本院西北隅，後移入歷代祖塔。

第十六代定慧大師，諱顯宗，姓楊氏，永福人，嗣靈峯院澄禪師。元豐二年四月，府主孫公請住茲山，元祐元年，恩賜紫衣師號。八年十一月退位。紹聖元年閏四月十九日示寂，建塔本院西北隅，後移入歷代祖塔。

第十七代祖月大師，諱善譽，姓淩氏，懷安人，嗣雪峯敦禪師。熙寧中住東山聖泉寺，移住懷安壽山，次移郡城開元寺，又移城東華嚴寺。元祐八年十二月，府主察院王公請住茲山，奏賜紫衣師號。紹聖元年九月避位，王公追請住城中仁王寺。二年六月，左司葉公請住雪峯。崇寧二年，退休林陽院。四年，復起住城北普明院。其年十二月二十四日坐化，荼毘得舍利，建塔雪峯。《傳燈》。

第十八代圓覺大師，諱潛洞，姓楊氏，本州江南人，嗣東京智海佛印清禪師。元祐間，府主學士許公請住城中慶城寺，既移靈峯院。紹聖元年，端明學士王公請住茲山，奏賜紫衣師號。大觀三年二月十九日示寂，塔於本院西北隅，後移入歷代祖塔。

第十九代有需禪師，姓洪氏，興化莆田人，嗣洪州泐潭寶峯乾和尚。倦遊歸，興化太守董公請住仙遊龍堂院，止半年。移住祥雲寺，一年。退居南湖，幾十載。大觀三年，權府提刑陳公請住兹山。政和二年，權府提弄邵公請住雪峰。宣和三年，退居東菴。六年閏三月初五日，供佛辭衆，吉祥而逝，即東菴作舍利塔。《續傳燈》。

第二十代禪鑒大師，諱體淳，姓林氏，興化莆田人，嗣吉州祥符寺立和尚。元符三年，出世建昌瑞相寺，後歷主寧德香林、東山報慈、城中。神光政和二年，權府提刑邵公請住兹山。上堂曰："由基弓矢不射田蛙，任氏絲綸要投溟渤。發則穿楊破的，得則脩鯨巨鼇。隻箭既入重城，長竿豈釣淺水。而今莫有吞鈎齧鏃底麽？若無，山僧捲起絲綸，拗折弓箭去也。"擲拄杖，下座。宣和元年八月，白雲廨院災，師重搆之。宣和五年復災，師復搆如前。建炎三年，移主靈石。四年，移主東山大乘。紹興元年，待制陳公又移歸本山。三年十月，興化太守吳公請住莆田華嚴，剏立叢林。十七年十月十五日坐化，遺言勿火，全身塔於寺北。待制陳公命名寂光塔。

第二十一代慶璋禪師，姓王氏，侯官人，嗣本山有需禪師。靖康元年丙午，權府提刑陳公即神光座元，遷主正席。建炎三年三月，給事江公請住兹山。紹興元年三月，移住萬壽寺。十月，移白鹿，剏立叢林。十二年，移法海寺。十四年五月二十七日告終，建塔於白鹿山。

第二十二代木蛇禪師，諱邦靖，姓阮氏，寧德人。大觀中，受業杭州天竺。徧參名宿。後得法於雪峯有需禪師，居第一座。宣和五年十二月，漳守方公請住天寧，首改叢林。八年，移淨衆。建炎四年，振衣北歸，寓雪峯東菴。紹興元年十月，安撫程公請住萬壽寺。明年，移住當山。陞堂說法，嘗握木蛇，故號木蛇禪師。五年五月十九日之方中，集眾陞堂，玄機雷動，退席而寂。荼毘，葬靈骨於海會塔之正位。

第二十四代竹菴禪師，諱士珪，自稱老禪，成都史氏子。年十八依大慈宗雅落髮，醉心《楞嚴》。逾五秋，南遊謁諸名宿。到舒州龍門，以所得白佛眼，眼曰："汝解心已極，但欠著力開眼耳。"遂俾職堂司。一日侍立次，問云："絕對待時如何？"眼曰："如汝僧堂中白椎相似。"師罔措眼。至晚抵堂司，師理前話，眼曰："閒言語。"師於言下大悟。宣和二年，出世和之天寧。未幾，佛眼謝事褒禪。九月，朝旨以師補之。靖康改元十二月，江州漕使方郎中請住廬山東林。明年十二月，拂衣養恬於許支菴。後以兵亂避地閩中。紹興四年閩帥參政張公請住聖泉。乾元六年，判府給事張公以本山丁勳公不舉之後，特請師振之。師至，眾緣輻輳，盡力營建，數載之中，百廢竝舉，寺宇為之改觀。上堂曰："萬年一念，一念萬年。和衣泥裏輥，洗腳上床眠。歷刦來事，秖在如今。大海波濤湧，小人方寸深。"拈起拄杖，云："汝等諸人，未得箇入頭，須得箇入頭。既得箇入頭，須有出身一路。"良久，云："靈壓難摧澗底松，風吹不動天邊月。"卓拄杖，下座。上堂曰："萬機不到，眼見色，耳聞聲；一句當陽，頭戴天，腳踏地。你諸人秖知今日是五月初一，殊不知金烏夜半忙忙去，玉兔天明上海東。"以拂子擊禪床，下座。上堂曰："明明無悟，有法即迷。諸人向這裏立不得，向這裏住不得。若立即危，若住即瞎。直須意不停玄，句不停意，用不停機。此三者，既明一切處，不須管帶，自然現前，不須照顧，自然明白。雖然如是，更須知有向上事，久雨不晴。咄！下座。"十二年十一月，詔住溫州鴈宕山能仁寺。方至，其徒失火，鞠為煨燼，師竟就樹縛屋。陞座示眾曰："愛閒不打鼓山鼓，投老來看鴈宕山。傑閣危樓渾不見，溪邊茅屋兩三間。還有共相出手者麽？”喝一喝，下座。聽法檀施併力營建，未幾復成寶方。十五年，詔移住龍翔。明年七月十九日沐浴，聲鍾集眾就座，泊然而逝。荼毘日，送者均獲舍利。門人分得靈骨，歸瘗鼓山歷代祖塔正位。《續傳燈》。

第二十五代圓覺大師，諱宗演，恩州人，姓崔氏。年二十依本州祖印院滿禪師薙度。徧歷禪席，復還，依滿受其心法。至舒州三祖宗禪師會中，為座元。崇寧初，出世相州長興寺。二年，遷真定鍈牛寺。大觀三年，補東山天寧。政和八年八月，詔住上都天寧。宣和改元，召入內殿，談玄稱旨，賜紫衣師號，頒告金檀郎右街鑒義。後上章乞歸山林，得旨出闕，屢典名藍。十三年，閩帥府葉觀文請師住當山。上堂，僧問：“不慕諸聖不重己靈時如何？”師曰：“款出囚口。”曰：“便恁麽去時如何？”師曰：“換手搥胸。”問：“如何是大善知識心？”師曰：“十字街頭片瓦子。”上堂曰：“遣迷求悟，不知迷是悟之鉗鎚；愛聖憎凡，不知凡是聖之爐鞴。秖如聖凡雙泯、迷悟兩忘一句，作麽生道？半夜彩霞籠玉象，天明峯頂五雲遮。”十五年春，葉觀文以雪峯招師，不就，俄觀文被召。三月，安撫莫公復力請，方從。辭眾日，僧問：“如何是臨岐一句？”師曰：“有馬騎馬，無馬步行。”曰：“途中有事如何？”師曰：“賤避貴。”居雪峯期年而寂，塔於舊院之西。《續傳燈》。

第二十六代佛心大師，諱本才，長溪人，姓姚氏。年十九依地藏志平剃度。受具後，至大中海印隆禪師處領淨頭。一夕，印夜參，師至，遇結座，擲住杖曰：“了即毛頭吞巨海，始知大地一微塵。”師忽然有省。出閩徧訪，至靈源，凡入室，出必揮淚。一日告源曰：“此事我見得甚分明，秖是臨機吐不出。若為奈何？”源曰：“須是大徹方得自在也。”未幾，觀鄰案僧讀《曹洞廣錄》，至藥山採新歸，有僧問：“甚處來？”山曰：“討柴來。”僧指腰下刀曰：“鳴剝剝是箇甚麼？”山拔刀作所勢。師忽大悟，摑鄰僧一掌，揭簾趨出衙口，說偈曰：“徹徹大海乾枯，虛空迸裂。四方八面絕遮攔，萬象森羅齊漏泄。”源撫而印之。後應潭帥曾公命，出世上封，屢遷名刹。紹興十五年，安撫莫公請住當山，衲子輻輳常五千指。上堂曰：“達摩未來東土以前，人人懷媚水之珠，個個抱荊山之璞，可謂壁立千仞。及乎二祖禮卻，三拜之後，一一南詢諸友，北禮文殊，好不丈夫。或有一箇半箇不求諸聖，不重己靈，疋馬單槍，投虛置刃，不妨慶快生平。如今有麼？自是不歸，歸便得，五湖烟景有誰爭？”上堂：“宗乘提唱，玅絕名言。一句該通，乾坤函蓋。直似首羅正眼豎亞面門，又如圓伊三點橫該法界。”乃卓拄杖，曰：“向這一點下明得，出身猶可易，脫體道應難。”又卓拄杖，曰：“向第二點下明得，縱橫三界外，隱現十方中。”又卓拄杖，曰：“向第三點下明得，魚龍鑽戶，佛祖潛蹤。不然，放過一著，隨分有春色，一枝三四花。”庚午十月病，丐退，舉得法上首祖珍繼席。十二月二十二日夜，書偈告寂。荼毘建塔本山歷代祖塔之西，歲久塔圮。崇禎壬午，住山元賢移於香爐峯之前。

第二十七代別峯禪師，諱祖珍，興化林氏子。少落髮受具，遊方參佛，心於大乘得其旨，至鼓山充座元。及紹興壬申，遷主鼓山。僧問：“趙州遶禪床一匝，轉藏經已，竟此理如何？”師曰：“畫龍看頭，畫蛇看尾。”曰：“婆子云：‘比來請轉全藏，為甚秖轉半藏？’此意又且如何？”師曰：“人無遠慮，必有近憂。”曰：“未審甚麼處是轉半藏處？”師曰：“不是知音者徒勞話。”歲寒上堂：“向上一路，千聖不傳。”卓拄杖，曰：“恁麼會得，十萬八千。畢竟如何？桃紅李白薔薇紫，問著春風總不知。”示眾：

“大道秖在目前，要且目前难覩。欲識大道真體，不離聲色言語。”卓拄杖云：“這箇是聲。”竪拄杖云：“這箇是色。喚甚麼作大道真體？直饒向這裏見得，也是鄭州出曹門。”明年，泉守招師住法石，後移承天示寂。《續傳燈》。

第二十八代蓬菴禪師，諱宗逮，姓林，寧德人。依龜山圓明師披削後，參東禪岳禪師，契旨，舉充座元。紹興甲戌，權府提刑趙公請住當山。上堂云：“世尊道，應如是知，如是見，如是信解，不生法相。”遂喝云：“玉本無瑕卻有瑕。”己卯秋，暴雨，小頂發洪，上下二院居捨俱壞，師修復之。丁亥臘月二十二日，無病書偈告寂，全身塔於本山羅漢臺之右。《續傳燈》。

第二十九代山堂禪師，諱僧洵，長溪阮氏子。年十五，依西禪海印隆剃落受具。遊方參諸老宿，後歸閩。參鼓山佛心才禪師，領其微旨。紹興壬申，出世靈石，移白鹿。戊子，移鼓山。上堂：“黃檗手中六十棒，不會佛法的的大意，卻較些子。大愚肋下築三拳，便道黃檗佛法無多子。鈍置殺人，須知有一人大棒驀頭打他不回頭，老拳劈面搥他亦不顧，且道是誰？”上堂：“朔風掃地卷黃葉，門外千峯凜寒色。夜半烏龜帶雪飛，石女溪邊皺兩眉。”卓拄杖云：“大家在這裏，且道天寒人寒？”喝一喝，云：“歸堂去。”庚寅年八月三日示寂，建塔本山祖殿之西崦。《續傳燈》

第三十代石菴禪師，諱師珝，永福人。年十三依福清地藏然禪師剃度，十九依西禪海印隆禪師，後於東禪思岳禪師言下契旨。紹興辛巳，出世白雲乾道。庚寅，陳丞相請住當山。嘗頌百丈野狐話曰：“大雄山下老狐精，千古叢林惱殺人。若遇金毛獅子子，看伊無處著渾身。”頌魯祖面壁曰：“家財喪盡沒絲毫，秖箇渾身猶恨多。卻向池陽最深處，殺人空手不持刀。”頌柏樹子曰：“庭前柏樹子，一二三四五。竇八布衫穿，禾山解打鼓，叢林競傳之。”

其年十二月初六日示寂。坐七日，顏貌如生。荼毘，瘞本山歷代祖塔。《續傳燈》

第三十一代木菴禪師，諱安永，郡城人，姓吳氏。少依安國寺覺和尚剃度，未幾，謁懶菴需於雲門。一日入室，菴曰："不問有言，不問無言。世尊良久，不得良久處會。"隨後便喝，師倏然契悟，作禮曰："不因今日問，爭喪目前機。"菴許之。及菴住西禪，師為第一座。乾道二年出世，乾元未幾移黃蘗。辛卯，陳丞相請住當山。上堂："要明箇事，須是具擊石火閃電光底手段方能嶮峻巖頭，全身放捨，白雲深處得大安，居如其覷地覓金針，直下腦門須迸裂。到這裏假饒見幾而變，不犯鋒鋩，全身獨脫，猶涉泥水。秖如本分全提一句，又作麼生道？"擊拂子曰："淬出七星光燦爛，解拈天下任横行。"上堂，舉睦州示眾云："諸人未得箇入處，須得箇入處。既得箇入處，不得忘卻老僧。"師曰："恁麼說話，面皮厚多少。木菴則不然。諸人未得箇入處，須得箇入處。既得箇入處，直須颺下箇入處始得。"上堂，拈拄杖曰："臨濟小廝兒，未曾當頭道著。今日全身放憨，也要諸人知有。"擲拄杖，下座。僧問："須彌頂上翻身時如何？"師曰："未曾見毛頭星現。"曰："恁麼則傾湫倒嶽去也。"師曰："莫亂做。"僧便喝，師曰："雷聲浩浩，雨點全無。"癸巳春，謝院事往潮陽，八月回至泉州清果院，遂終。荼毘，門人奉靈骨塔於本山歷代塔之右。《續傳燈》

第三十二代寒巖禪師，諱道升，建寧府人，姓吳氏。參佛智裕於育王得其法，出世泉州延福，後屢遷福之支提，泉之承天，洪之黃龍寶峯。乾道癸巳，遷主當山。上堂，喝一喝曰："盡十方世界，會十世古今，都盧在裏許，畐畐塞塞了也。若乃放開一針鋒許，則大海西流，巨嶽倒卓，龜鼉魚龍，鰕蟹蚯蚓，盡向平地上湧出波瀾，游泳鼓舞。然雖如是，須向百尺竿頭自進一步，則步步踏轉無盡藏輪，方知道鼻孔搭在上脣，眉毛不在眼下。還相委悉麼？”喝一喝，曰：“切忌轉喉觸諱。”淳熙三年四月十六日示寂，全身塔於本山香爐峯之下。《續傳燈》

第三十三代夢堂禪師，諱守愚，羅源人。年十八依隆興寺炤大師得度，嗣東禪蒙庵岳禪師。初住潮陽資福，不數年，拂衣還石門，為第一座。隆興癸巳，安撫汪侍郎請住。乾元淳熙丙申，陳丞相移住本山，凡三載。戊戌年六月初五日，無疾坐化，塔全身於洪塘庄。

第三十四代小菴禪師，諱德最，寧德人，姓薛氏。年十七依平江府靈巖訥和尚剃度，得其法充第一座。紹興二十一年，出世袁州天寧。明年，遷南源。二十九年，遷四明。護聖乾道改元，遷支提。淳熙五年，沈樞密請住鼓山。經七載，修廢整頽，叢林為之一新。甲辰年，微恙告寂，全身塔於廨院後山。

第三十五代直菴禪師，諱元嗣，郡城程氏子。年十四，出家仁王寺，嗣大心謨和尚。乾道辛卯，出世建寧靈石，遷大同，梁丞相請住神光。甲辰，帥府趙侍郎移主鼓山，朱晦翁先生雅重之。淳熙己酉年十二月示寂，奉全身塔於積翠庵。

第三十六代海菴禪師，諱南瑩，閩縣人，姓周氏。年十四依彌勒院得度，參蒙菴岳和尚。初無出世意，延平守以保安招之，力辭至三，不得已應命。次主臨漳崇福、永福名山。紹熙庚戌，帥府馬大卿請主當山，凡三載。癸丑秋，太師辛公以雪峯虛席，移師補之。明年十一月十日示寂，塟於舊院之東。

第三十七代孤峯禪師，諱惠深，閩縣赤嶼人，姓馮氏。年十四依大乘佛心和尚剃落，參大洪預和尚得旨，充雪峯首座，後移主正席。未幾，移能仁。紹熙癸丑九月，遷當山。嘗示眾云：“未得入頭應須切，入頭已得須教徹。雖然得入本無無，莫守無無無間歟。”大洪聞之曰：“深兄說禪若此，惜福緣不稱耳。”己未四月謝事。嘉泰甲子五月，普說罷，揮偈辭眾，以筆一拍而化，葬於三昧塔院。《續傳燈》

第三十八代檜堂禪師，諱祖鑒，懷安徐氏子。禮建康鍾山真禪師薙度，而服勤瞎堂遠禪師。及歸閩，參乾元宗穎禪師，始得大事了畢。出世滁之瑯琊，無何徙真之北山，復主資福。泉守程公延致承天，遷光孝。慶元己未，帥府葉公請住當山，凡七載。開禧乙丑謝事，明年五月示寂，塔本山西畬。

第三十九代芥菴禪師，諱慧意，長樂人，姓元氏。依潤之金山別峯印禪師得度，咨決心要，徧參名宿，末游密菴傑、復庵封之門。出世福之東禪，嗣復庵。開禧乙丑，移主當山。閱四載，退居南菴。嘉定己巳七月二十九日示寂，葬本山歷代塔。

第四十代自牧禪師，諱行謙，潼州郪縣人。年十九受業於本縣妙音寺。二十三出蜀，徧游叢席，首眾於雲居山。紹熙辛亥，丞相趙公請住寧德鳳山。嘉定己巳，太師文昌倪公移董當山，閱十四載。壬午歲，移主雪峯。丙戌正月示寂，荼毘獲舍利奉歸，葬本山歷代塔。

第四十一代枯禪禪師，諱自鏡，長溪人，姓高氏。受業泉州某寺，後徧參諸方，得法於密菴傑公，出世寧德鳳山。嘉定癸未，移鼓山。鑄洪鐘，有掛鍾偈曰：“一模脫就轉風流，平地教他不肯休。要得洪音喧宇宙，直須更上一層樓。”紹定己丑，移真州北山。後移天童，甫至而寂，建塔天童。嘗頌賓頭盧見佛曰：“尊者當年親見佛，眉毛策起有來端。頂門戳瞎金剛眼，恩大難酬雨露寬。”頌韓文公見大顛曰：“省要之言伸一問，宗師據坐不輕酬。無端醉後添盃酒，惱亂春風卒未休。”頌般若柔新年羅人草鞋曰：“龜毛拈得笑哈哈，一擊萬重關鎖開。假使獵人似冰結，當甚新

羅人草鞋。”《續傳燈》

第四十五代廣慧禪師，諱德融，姓氏邑里未詳。初發志出家，入廬山剪髮，休糧勉行苦行。後依建康保寧嗣菴和尚祝髮，徧參尊宿，得法於平江萬壽禮禪師。出世蘇之能仁，移天台鴻福，退席隱匡廬。嘉熙戊戌，曹帥請住當山。乙巳秋，丐閑提刑楊公再帖勉留。丙午春，少保孟相奏賜紫衣師號。淳祐丁未春，退居南菴，大帥尚書趙公復勉請領眾。是年五月二十一日示寂。荼毘，獲舍利，藏曆代塔。

第四十六代北山禪師，諱宗信，羅源人，姓黃氏。年十五出家於臨安楊墳寺，二十二剃度。首謁淨慈晦翁明和尚，不契。繼聞同行遯菴和尚說法於月窟，往叩之。未幾，發明大事，復歷江湖，徧參知識。紹定癸巳歸閩，枯禪和尚命首眾此山。端平乙未春，出世漳之南寺。未幾，謝事歸本山，寓西菴。淳祐丁未，趙文昌請開法本山。閱四載，趙淨齋以雪峯招致，力辭不就，偈荅至再，弗容堅壁，乃赴命。明年四月示寂，荼毘獲舍利歸，葬本山歷代塔。

第四十七代不羣禪師，諱清越，侯官陳古靈先生之裔。得度於東禪融菴坦禪師。早歲遊方，歷參名宿。晚來此山，孤峯和尚命首眾，繼居西菴四十餘年，絕無應緣意。淳祐庚戌，北山和尚遷雪峯，次年府帥趙公请主本山開法，嗣孤峯和尚，乙卯謝事。庚申三月示寂，闍維牙齒不壞，塔於黃坑積翠菴。

第四十八代無行禪師，諱達真，連江人，姓鄭氏。早歲依法林剃度，得法於常州華藏淳菴禪師。初出世羅源大雲，次住大乘慶城精嚴，丐閑雲居菴二十年。寶祐丙辰，趙平齋請主當山，明年七月謝事。癸亥正月十五日示寂，建塔本山歷代祖塔左。

第四十九代無關禪師，諱普門，字圓證，明州慈谿人，姓夏氏。

年二十一，得度於婺州中峯靖禪師，後參徑山無準禪師，充藏主，因而嗣焉。初出世杭州石室，次住白雲盤山常樂，又開山壽國。寶祐五年丁巳，大帥史端明請住當山，辛酉謝事。壬戌六月告寂，瘞於牛坑瑞巖塔旁。

第五十代月庭禪師，諱至華，蘭谿人，姓劉氏。年二十得度於衢州石壁寺，嗣石田法薰禪師。淳祐丙午，出世福之石泉。寶祐癸丑，移寧德支提。戊午丐閑來，寓本山白雲寮。景定辛酉，馬樞密延住當山。癸亥三月退席。咸淳改元，劄住南康軍。開元九年辛酉十月三日示寂，瘞於祖塔。

第五十一代佛慧愚谷禪師，諱元智，長溪人，姓薛氏。年十八出家，依邑之湛然本禪師。二十受具，往參枯禪鏡公於鳳山，後參少林崧於北山，掌記。及少林移徑山，鏡公嗣其席，師仍掌記。俄而契機，萬境如如。後首眾於玅峯石田。嘉熙己亥，出住吳門薦福，移洞庭翠峯，又移毘陵芙蓉。未幾，辭歸靈隱。泉守以法石致，三夏遷西禪。寺久廢，師興之，居六載退席。大帥竹居王公移居本山，甫一夏告退，老於東菴。咸淳丙寅正月十七日，趺坐書偈而化，塔於本山南院，林希逸撰塔銘。

第五十二代介石禪師，諱法琪，閩安鎮人，姓吳氏。少游江浙，依常州華藏淳菴禪師為侍者，得其法。歸閩，住東山報國，遷萬壽十餘年。徐卿相以雪峯招，力辭不就，乃改幽巖。次住平江府惠巖，遷鴈宕能仁。甲子，閩帥請住西禪，繼又以雪峯招，復力辭。咸淳乙丑，請住當山。師歷主數寺，莫非繼廢，靡不具興。戊辰謝事，乃於法堂西畔葺菴以居。德祐乙亥六月十一日入寂，瘞本山歷代塔。

第五十三代皖山禪師，諱正凝，舒州太湖人，姓李氏。受業於黃州雙泉。受具參方，入閩，謁孤峯秀於莆之囊山，執侍五載，盡得其奥旨。知藏鼓山，分座雪峯。寶祐間，出世本州釣龍臺，遷萬歲。己巳十月，大帥徐侍郎以此山招致，住六載，衆常萬指。咸淳甲戌臘月八日示寂，荼毘數珠不壞，獲舍利於齒中，乃別建舍利塔而靈骨瘞歷代塔。嘗頌世尊入滅以手摩胷話曰："老倒瞿曇不識羞，臨行猶自逞風流。摩胷示衆歸何處，啼鳥一聲山更幽。"頌金峯枕子話曰："天作孽猶可違，自作孽不可逭。"頌德山參龍潭曰："潭不見，龍不現，全身已在空王殿。夢回忽聽曉鶯啼，春風落盡桃花片。"

第五十四代石室禪師，諱彌堅，閩清人，姓陳氏。肄業永福靈峯，後徧參諸大老，得法於孤峯秀禪師，秀傳五祖演衣竟以付師。初出世靈峯，遷南澗，後住閩清香林城中。開元甲戌年，鼓山虛席，趙帥以師補之，明年劄到，始領院事。時丁宋南遷，其年臘月朝旨增廣城堞，命師為東門提督炤產增城六十丈。明年，城堞告成而歸，俄得疾。十月七日示寂，其所傳衣囑留鎮山門。荼毘，瘞本山祖塔。

第五十五代佛鑒圓炤大師，諱俊明，連江人，姓阮氏。年十二棄俗，依古田大吉寂炤光和尚薙度受具。宋景定間出世閩清禪林，次住大吉。未幾，謝事遊方。時，虛舟和尚住靈隱，道盛一時，師造之，一見而契。適謝帥以湘潭三角招師。咸淳回閩，大帥趙公請住廣明，遷開元。至元十年冬，元朝開國大帥王積翁請住本山，堂中不下五千指。二十二年，膽八大師開西番戒於杭州，移文請師與焉①。明年，楊總攝舉師補雪峯席，仍奏聖旨，與師護持，賜號佛鑒圓炤。元貞改元，詔諸山朝京師，至通州告寂，

① "二十二年，膽八大師開西番戒於杭州，移文請師與焉。"黄任本作："二十二年腊八，大帥開西番戒於杭州，移文請師與焉。"膽八大師，即膽巴大師，為元代藏傳佛教著名高僧。

弟子奉靈骨回塟本山南院。明年，奉帝師法旨，賜號普光之塔。

第五十六代佛慧玅辯平楚大師，諱光聳，福寧州人，姓鄭氏。年十五，依寧德際山淮翁和尚剃度受具。宋淳祐間，偃溪和尚住徑山，法席大盛，師往叩之，遂見器重。出世建寧寶林，繼歷主名刹。至元二十三年，楊總攝舉師住當山，凡十一載。元貞元年朝京，面奉聖旨住雪峯，賜號佛慧玅辯。四年十月初一日示寂，弟子奉靈骨回塟本山舍利窟下，乃師在日所自營者。

第五十七代慈濟廣辯佛心在山大師，諱道傑，福清翁氏子。年十四出嶺，依池州離垢寺靜和尚剃度。十六遊方，徧參名宿。咸淳間，入雪竇簡翁之室，自是罢参。至元十五年，楊總攝舉師住錢塘慶遠。大德改元，詔北覲，面奉聖旨住當山，歷一十八載，山中頽廢，悉皆修舉。延祐乙卯十月，得微恙，召兩序分付畢，泊然而逝，奉全身塟於普度塔院。

第六十四代正宗穎悟海翁禪師，諱如山，閩縣人，姓陳氏。大德丙午，禮在山和尚為師。延祐间，住長樂光嚴寺，移府城東禪。元統甲戌，諸道立廣教府以統僧，乃請住當山以兼之。未幾，遂專其席，住持一十八載，寺宇為之一新，奉旨特賜紫衣、師號。至正癸巳，讓席與不傳和尚。乙未二月七日示寂，全身塟南山仁壽寺塔，師在日所自建者。

第六十五代慧燈普炤不傳大師，諱崇祖，閩縣人，姓林氏。童丱，依長樂光嚴寺海翁和尚剃落受具。元統癸酉，出世本縣廣明寺。至正十三年，請住當山，聞望遠著，卿相咸皆禮重。由是聲徹禁中，朝廷特賜璽書，褒美護持，仍賜紫衣師號，故寺門有不便者皆得理而直之。白雲廨院為寇所焚，師重刱之，規模視昔有加，亦為一代之盛事云。癸卯年示寂，塟歷代祖塔。

第六十八代本覺明紗真淨圓炤用明大師，諱懋詷，連江人，姓林氏。幼從族叔希炤光和尚出家，後禮隆興府正宗匡禪師薙度。少有才名，參育王、徑山，皆掌其記。未幾，出世宜州李山，嗣季潭泐公，遷明州香山，未幾谢去。洪武二年，立善世院，總治四海僧徒，授劄住當山，三載退席。甲寅七月，示寂於明州永樂寺，建塔永樂。

第七十五代虛菴禪師，諱普淨，姓竇，潤州丹徒人，依郡之大聖院薙落。洪武乙卯於金山契旨，受綱維，掌藏鑰。壬戌，谒真樂和尚於靈谷，重印前解，举充座元。丁卯，僧錄司以鼓山虛席，公聞受劄住持，己巳即辭退。癸酉，擇師為高行僧，被旨祀於廬嶽。未逾歲，奉詔陞住雞鳴寺。洪武甲戌年示寂，靈骨塔於雞鳴寺。

第七十六代獨芳禪師，諱宗繁，閩縣陳氏子。年十六，從本山光巖和尚得度。出嶺，徧參於天界寺芳林和尚，歷維那、藏主。洪武壬戌，舉住舒州浮山，戊辰谢事。己巳，本府僧綱舉送教府，考中住持當山。癸酉，退居獅峯。壬午示寂，瘞歷代祖塔。師擅詩名，與郡人唐震、王褒、周玄、王偁為友，多所唱和，有詩集行世。

第七十八代了心禪師，諱善緣，侯官姚氏子。七歲，依城東寶峯庵無塵和尚出家。塵見其不凡，勉參鼓山藍田和尚。後往南京靈谷寺，禮僧錄闡教幻居大師，一見獎異，即充侍者，遷掌藏鑰。永樂三年，鼓山虛席，領檄住持，建千佛閣。五年春，有詔建廣薦大會於蔣山，徵天下名僧，師應詔入京說法，稱旨，恩賚甚渥。復蒙佛輪大寶法王師贈號成就幢。秋歸，舉任本府都綱。後寺遭回祿，重建祖殿、方丈、法堂及諸寮舍，而大殿及飛錫閣尚未及舉。宣德庚戌，布政司譙樓及還珠閣壞，官延師募緣重建。明年秋，告成而歸。十月得微恙，十九日沐浴更衣，口占生平履歷，命侍僧書之。所積金穀，擬建大殿及三門者，悉以囑其徒文穹，語畢而寂，塔於獅峯。

第七十九代簡翁文穹禪師，莆田人，姓鄭氏。早喪父，稍長，禮了心和尚得度。叩心要於鍾山潔庵映公，得其旨。及了心將遷化，乃俾任院事，以所積金穀授之，囑蓋造大殿及三門，教府申達僧錄司考中劄之。次年，蓋造大殿，併於殿前砌起月臺，建三門為飛錫閣，上供諸應真，下塑四大天王。住持五载退居西庵。天顺改元，正月望日遷化，壽五十三，臘三十一，建塔於西庵。

重開山無異大師，名大艤，一名元來，龍舒沙氏子。早歲禮五臺通和尚落髮，往參無明和尚於寶方，始知有宗下事。入閩，隱樵陽之白雲峯。一日，因禪者舉船子藏身話，忽疑情頓發。年餘，因閱《傳燈》有省，往見寶方，復茫然自失。居兩月，一日隨方至玉山，聞護法神倒，劃然絕解，以偈呈方，方曰："子但到門耳。"寓張家山又三年餘。一日，見人上樹，始大徹。走至寶方，方問曰："近日何如？"師曰："卻有一條活路，只是不許人知。"方曰："因甚不許人知？"師曰："不知，不知。"方乃舉婆子燒菴及龍吟霧起公案詰師，師皆頌出，方乃曰："今日方知吾不汝欺也。"是冬，命首眾。後隱信州博山，學者輻揍，遂成叢席。眾請開法，宗風大震，眾至盈千。天啓丁卯，閩鼓山僧眾，議合一為叢林，曹能始觀察率眾鄉紳請師主之。師至，立職事，剏繩規，開堂說法，雷厲風行。上堂曰："春日乍寒乍煖，春風倏有倏無。若從這裡會去，佛法天地懸殊。不從這裡會去，向甚麼處會？纔涉思惟，成羣作隊。不思惟處又如何？行人更在青山外。"卓拄杖，下座。居六閱月而歸。崇禎庚午九月十八日示寂，建塔博山。壬午歲，鼓山眾請師衣鉢，建塔於香爐峯前。

雪關禪師，諱智誾，上饒傅氏子。八歲出家，因閱《壇經》，見火燒海底句，心大疑之，遂往參博山。山示以船子藏身公案，默究久之。偶見槽廠拽磨，忽磨鼻脫有省，作偈呈山，山曰："子可參禪也。"山一日指衲衣令師作頌，師援筆立成五頌，山曰："汝偈固佳，但風骨太露耳。須知宗門語句，如滿口含冰，不曾道著水字。"復曰："子根太利，須是死却全心始得。"師再拜受教，即閉關六載，關中置大鏡一面，日對跏趺，纔覺業識心動，便指鏡中人唾罵。既久，收放自由，作《雪關歌》，山見之擊節稱善，乃為師開關。偈曰："始行大事六年雪，頓入圓明一片氷。今日幸親無縫塔，掣開關鎖萬千層。"即命師首眾，秉拂當晚，率眾入室。山問曰："堂中首座，人天眼目。如何是人天眼目？"師曰："頂門上。"山曰："還鑒炤也無？"師曰："君不見。"山曰："不虛參見作家來。"師掩耳而出。後出世瀛山。及博山遷化，眾請繼席。壬申春，曹能始觀察率諸檀紳請開法當山。解制，上堂曰："諸兄弟，九十日期今已滿，閉門作活事如何？不曾捏殺獮猴子，重叠關山未易過。大抵末法禪期，真參罕遇，縱他意樹抽枝，未見心花成片。雖然如是，冷灰裡豈無一粒豆爆，還有不跨石門，扶竪晏祖門風者麼？如無，且向蘆花深處宿，月明穿過釣魚臺。"凡一載而歸，有《鼓山語錄》行世。後住杭之虎跑玅行，複歸瀛山，未幾示寂，建塔博山。

論曰：閩中諸刹，首必推雪峯，而鼓山實次之，豈以巖巒之秀麗，登眺之奇偉哉？良以列祖之主斯席者率皆慧光渾圓，足以輝映人天，而光大我覺皇氏也。故古之名賢如張德遠、李伯紀、趙子直、朱晦菴輩，皆能降心折節，相訪於深林僻谷之中，非以其人有足重者乎！勝國以來，風漸不競。及入明，而斯道絕響矣。此其故何哉？蓋宋以前稱住持者，上必奉詔旨降香，次必有監司舉請，故玆山皆極一時之選。勝國但由廣教考中宣政給劄此，可以致抱道之士哉？洪武永樂間，則由僧綱舉報，僧錄給劄。宣德以後，竟置不問。由是裨販如來者率以其力攘之，竊十方之公物，潤一家之私橐，子孫相繼醉濃飽鮮，又安問佛法之何若哉！重興以來，稍提唱斯道，庶幾復見漢官威儀。然當此魔羅競起之日，危如一髮引千鈞，而欲希蹤宋唐，不其難乎，不其難乎！

鼓山志卷三終

鼓山志卷四

住山釋元賢纂修

貞珉志

名乃五欲之一，世俗之所同好，然猶欲其久也，故必托之金石以傳。不知壑舟夜趨，今古同慨，則為久計者又將焉托乎？姑隨俗好。志貞珉。

宋刻

才翁。（篆書，徑二尺。）慶曆丙戌季夏遊。（楷書，徑一尺，刻龍頭泉之右。按：蘇舜元，字才翁，桐山人，時為福建提刑觀察使。）

邵去華、蘇才翁、郭世濟、蔡君謨慶曆丙戌孟秋八日遊靈源洞。（楷書，徑二尺，刻洞中。按：郭承規，字世濟，時任福建提刑。蔡襄，字君謨，仙遊人，時知福州。）

忘歸石。蔡襄。（楷書，徑三尺，刻靈源菴左。）

嘉祐辛丑歲七月十八日，同寅僚遊鼓山，登大頂峯，憩靈源洞，知福州燕度題，通判錢昉、權僉判宋球、東川節度推官趙諮、節度推官方子容、觀察推官趙瑾。（楷書，刻靈源洞，從左讀。按：燕度，字唐卿，益都人。宋球，酸棗人，以父守約任。方子容，字南圭，莆田人，皇祐五年進士。）

喝水巖。（徑五尺。）嘉祐辛丑歲施元長題。（楷書，刻巖中。按：元長，字景仁，宣城人，天聖中進士，時任福建提刑。）

宛陵施元長、陽夏李宗孟嘉祐五年十月三日同遊。（楷書，刻靈源洞橋前。按：李宗孟時任福建提刑。）

建安呂百能然明、徐大方沖道、弟大正得之熙寧辛亥歲仲夏二十五日同遊。（楷書，刻喝水巖右。按：百能，慶曆六年進士，時知閩縣事。大方、大正，俱甌寧人。大方，通判汀州。大正，隱北山，時稱北山學士。）

莘老、德孺、景述元豐己未歲季秋戊子日同遊。（楷書，徑一尺，刻忘歸石旁。按：孫覺，字莘老，高郵人，時知福州。）

莆田方宙子正、宁儀仲，昭武吳表深幾道，淮西潘師中及之，錢唐關景山彥瞻，郡人張勱深道，元祐己巳三月廿五同遊鼓山靈源洞，漱湧泉而歸。（楷書，刻將軍石前。按：方宙，熙寧六年進士，官轉運判官。吳表深，胡安國門人，元豐二年進士。關景山，關魯子，舉進士。張勱，永福人，熙寧六年進士，以集英殿學士知福州。）

錢公永、雷子石、潘及之、管明善同遊靈源洞，元祐四年七月上休林公濟題。（草書，刻靈源菴口。）

程遜彥，三衢吳敷、葉沃，溫陵許人、朱敏元、吳千元符庚辰十月遊鼓山靈源洞。（楷書，徑八寸，刻靈源菴後。按：葉沃，時知安溪縣事。朱敏元，字光道，治平四年進士，官朝請大夫，時知同安縣事。吳千，字無求，閩縣人，熙寧六年進士，時知興化縣事。）

大觀己丑仲秋丁酉，需老開堂，帥座邀部使者俱至，四司僚佐預者六人，公翼全叟君舉子震同登大頂峯。（楷書，刻大頂峯磐石。按：有需長老見《開士志》。）

延平黄冕仲、鄱陽齊亨仲、武夷黄安仁政和甲午九月廿五日同遊。（楷書，刻將軍石左。按：黄裳，字冕仲，時知福州。齊之禮，字亨仲，弋陽人，元符中進士，官監察御史。黄静，字安仁，浦城人，元豐五年進士，任福建提刑。）

昭武李綱伯紀，邀華陽王仲薿豐甫、建溪吴嚴夫民瞻、臨川陳安節巽達、淮海周靈運元仲遊鼓山靈源洞。豐甫之子昇叔明，伯紀之弟經叔易綸季言，甥張津子知同來，紹興元年五月二日。（楷書，刻石門左。按：李綱，時知福州。王仲薿，官會稽守。）

紹熙辛亥九月二十日，趙子直同林澤之、姚宏甫來遊，崇憲、崇範、崇度侍，待王子充、林井伯不至。（行書，刻石門左，詩别見。按：趙汝愚，字子直，餘干人，太祖長子漢王元佐七世孫，時知福州。崇憲、崇範、崇度皆汝愚子。崇憲，字履常，淳熙中進士，官直秘閣。崇度官知邵武軍事。林用中，字澤之，古田人。林成季，字井伯，莆田人。皆朱熹門人。）

金華宗正倫、彭城顔廷玉、濟南石嗣祖、剡溪姚令威同遊鼓山，紹興乙丑孟夏十三日，是日觀才老入院。（篆書，刻將軍石前。按：本才長老見《開士志》。）

錫山袁復一太初自富沙如溫陵，道晉安東山，登白雲峯，訪臨滄亭，盡覽海山之勝，郡人張元幹仲宗、安固邱鐸文時、莆阳余祉中錫、晉陵孫軒子輿同來，太初仲子嘉猷侍，紹興己巳十月戊辰，丹陽蘇文津桴中題。（八分書，刻石門左。按：袁復一，時任福建提舉。邱鐸，時知興化縣事。）

林槐老、賈藏之、方瑞立、顔希稷、俞馮老、方翊之、劉敷言，紹興辛未重九日同遊。（楷書，刻將軍石左。）

紹興壬申上元後十二日，吴巨濟、段煥之、用之、汝舟、許德廣、曹德廣同遊，翌日還城。（楷書，刻石門左。）

趙仲承，王則之幼度、蔡德煇來遊，紹興乙亥仲春中休王叔濟題。（楷書，刻將軍石左。）

知郡事沈調、知西外宗正事趙士衎、帥司參議陳杲①、副總管廖虞弼、通判福州方暘、黃軺、帥司主管機宜文字張云、李迎，幹辦公事張元成紹興戊寅清明前一日早飯鼓山，晚過聖泉，為亘日之遊。（楷書，刻石門左。按：沈調，歸安人，政和二年進士。趙士衎，係宗子。陳杲，字亨明，侯官人，重和元年進士。廖虞弼，時任兵馬鈐轄。黃軺，邵武人。）

新安汪若容正夫②，昭武李集之子翔、秀之子實、縉雲林鉞伯仁，吳越錢徽之君猷紹興戊寅夏四月晦日來遊。（楷書，刻靈源洞前。按：汪若容，欽縣人，紹興五年進士，官將作監丞。李集之、秀之，皆綱子。集之，官福建路提刑幹辦。秀之，官轉運司幹辦。錢徽之，俶六世孫，端禮弟，寓天台也。）

壽春魏之幹紹興辛巳清明前三日，拉開封趙繼之、鄭圃孫昌言、武林莫琮、仙都葉駒、會稽姚嗣祖、莆陽陳希與同遊鼓山靈源洞，魏僖侍叔、趙公異侍其親以行。（楷書，刻石門。按：趙繼之官左朝請大夫，太祖弟魏王廷美第四子，廣陵郡王四世孫。莫琮，字叔方，仁和人，任福州幕官，有子五人俱顯。）

乾道丁亥暮春廿三日，余出郊觀稼，勞田夫野老而訪其疾苦，遂至鼓山燒香供茶，登臨滄亭而返，男銖錞鑑鈆、孫淙侍行，襄陽王瞻叔書。淳祐癸卯，曾孫亞夫來此拂石。（俱楷書，刻靈源洞。按：王之望，字瞻叔，時以端明殿學士知福州。）

淳熙丁未，晦翁來謁鼓山嗣公，遊靈源，遂登水雲亭，有懷

---

① “帥”，黃任《鼓山志》作“師”。

② “若”，黃任《鼓山志》误作“君”。

四川子直侍郎，同游者清漳王子合，郡人陳膚仲、潘謙之、黄子方，僧端友。（楷書，刻石門左。按：晦翁，朱熹自號。元嗣長老，見《開士志》。王遇，字子合，時稱東淵先生。陳孔碩，字膚仲，淳熙二年進士，官秘閣修撰。潘柄，字謙之，懷安人，時稱瓜山先生。皆朱熹門人。黄琮，字子方，莆田人，元符三年進士，官知閩縣事。）

延平范機、武陵錢黴、建安劉學古以慶元初禩中秋日來遊。（楷書，刻石門左。按：錢黴，時知建寧縣事。劉學古，官儒林郎，臨桂令，朱熹之婿。）

古汴趙晉臣將男鄧、孫濤、灝、滮，拉徐錫之、江會之來遊，賦以是詩，慶元三禩中伏休務日。（楷書，刻靈源橋前，詩別見。）

嘉泰壬戌重陽，栝蒼何澹，約浚儀趙公迥、金華楊潛修登高故事，上天風海濤，酌酒賦詩，咸謂一時之勝，恨未志諸石也。越明年，復以是日偕靜海施康年、古汴趙公介來游，陰雲解剝，風日和美，極海山之壯觀，撫泉石而忘歸。（楷書，刻石門右。按：何澹，字自然，龍泉人，時知福州。趙公迥，時知宗正司事。楊潛，時任提刑。趙公介，官朝請大夫，與公迥皆魏王廷美六世孫。）

開禧改元，乙丑孟秋中澣十日，閩尉延平吳渙奉父吳元肅，同拉晉江石應孫來游，子振侍行，石應孫書。（楷書，刻靈源洞右。按：吳渙，慶元五年進士。石應孫，淳熙十一年進士。）

開禧丙寅暮春，陳景仁姪子愚、子盈、林該、弟樸調、男絢、紀、綽、陳擇善、李起渭、潘昌孺，挈家來遊。（隸書，刻靈源洞。按：景仁，字春卿，長樂人，嘉定元年進士，官朝請大夫。子愚，字若愚，嘉定四年進士，官知營道縣事。李起渭，字少望，閩縣人，慶元五年進士。）

莆陽陳宓師復、建安謝汲古深道、黄應西說之、真德秀景元、清源留元剛茂潛，以開禧丙寅五月三日同遊鼓山靈源洞。摩抄蒼崖，縱覽奇觀，誦浚儀相國之詩。再瞻晦菴先生遺墨，慨然感興，一酹而歸。（楷書，刻靈源洞左高崖上。按：陳宓，俊卿子，時知安溪縣事。謝汲古、黄應酉，俱嘉泰二年進士。真德秀，浦城人，時知福州。留元剛，晉江人，官秘閣學士。）

盱江吴中克明、鄮峯蔣峴伯見來游鼓山，訪靈源，憩湧泉，遂登石門，覽天風海濤，殊快心目。嘉定甲戌七月二十八日。（隸書，刻將軍石對壁。按：蔣峴，奉化人，慶元二年進士，官殿中侍御史。）

嘉定丙子，郡丞霅川周燦偶攝府事，仲春既望，偕包寧東陽李大有、永嘉國。（已下缺。楷書，刻石門左。按：李大有，字謙仲，慶元二年進士，官朝請郎。）

嘉定癸未，同年任惟明章卿、一鳴登卿、張如愚亦發、趙希豐寶卿、涌夫滕叔、陳應龍景雲、趙汝偲聲叔、游繼榮華甫、曾公益誠叔、卓杰舜咨、彭竂牛耕道、趙必偲友卿會游，時甲申秋九月也。（楷書，刻喝水巖左。按：任惟明、一鳴、張如愚，俱閩縣人。趙希豐，太祖長子燕王德昭八世孫。涌夫，魏王廷美七世孫。陳應龍，侯官人。趙汝偲，漢王元佐七世孫。游繼榮、曾公益，俱閩縣人。卓杰、彭竂牛，以字行，俱懷安人。趙必偲，太宗九世孫。已上十二人皆嘉定十六年進士。）

嘉定甲申春，郡守胡榘仲方勸耕東郊。竣事，同至鼓山，與西宗趙師夏至道會盟，飯於妙峯閣，訪靈源洞，度蹩鼇橋，瞻喝水巖，探湧泉亭，歷石門，登天風海濤之榭，臨觀久之。別駕沈柔孫明夫、茂宰許之選叔仁、陳宗道原仲、鄭密謙仲，與俱長老自鏡瀹茗於半山亭中，漏下二刻乃還。（楷書，刻石門左。按：胡榘，廬陵人，銓之孫，以工部尚書知福州。趙師夏，燕王德昭七世孫，官知南康軍。許之選，臨川人，開禧元年進士，知懷安縣。陳宗道，晉江人。鄭密，寧德縣人。自鏡長老，見《開士志》。）

王居安、趙崇度、徐澄寶慶丁亥仲春中澣遊靈源洞。（楷書，刻石門左。按：王居安，字資道，黄巖人，時知福州。趙崇度，汝愚子，時任市舶司提舉。徐澄，金華人。）

浚儀趙汝訓，領客昭武吳信古傳東、吳天民黄旂、鄧應炳端平，丙申四月上澣同遊，次男崇瑮侍。（楷書，刻靈源洞。按：趙汝訓，時知連江縣事。黄旂，寧化人，寶祐元年進士。）

無量壽佛。（隸書[1]，徑二尺。）黄登、方遇、李田、遊明復，端平丙申四月既望來遊，摩崖紀勝，期與此山俱傳。（楷書，刻靈源洞橋外。按：黄登，字君陟，侯官人，嘉定四年進士，官南劍倅。遊明復，郡人，淳祐十年進士。）

周圭、趙希譙、林勉翁、王叔安、叔泰、樊淇、倪龍輔、潘自得、陳守謙、周從龍、王淯、彭樵、黄子俊、林驥、史自勉，道士謝顯道期而不至，王允恭、郭愿、方涓孫、王公煒、陳容、鄭碩、楊士勛、潘公泳、鄭怡公、潘枋、李根祖、陳澗同登艻崱，遊靈源，分韻賦詩，時嘉熙三年六月十一日。（楷書，刻石門。按：趙希譙，燕王德昭八世孫。王允恭，任邵武軍通判。方涓孫，莆田人，大壯子，與弟澄孫同拔漕解。陳容，字公儲，福清人，端平二年進士，官至朝散大夫。鄭碩，字膚叟，閩縣人，慶元五年進士，任汀州軍事通判。潘枋，字廷堅，懷安人，探花。）

清源王稼、吳穩，郡人陳無競、方遇、林圓、遊明復、董正、李振祖遊鼓山，淳祐初元九日。（楷書，徑二尺，刻龍頭泉左。按：王稼，晉江人，端平二年進士，時知仙遊縣事。李振祖，字起翁，閩縣人，寶祐四年進士。）

郡人張正字、東川姚希得、金華潘晞夔、萬安鄭新、鄮峯高

① “隸”，黄任本作“篆”。

指、泉山連端愨，淳祐三年閏八月癸未遊靈源。（隸書，徑八寸，刻靈源橋下半巖。按：姚希得，字逢源，潼川人，嘉定十七年進士，時通判軍州事。連端愨，時任汀州軍事判官。）

淳祐甲辰暮春上澣，天台謝奕正、九華章時發、清江張一鳴、長沙王睿同遊鼓山，觀靈源。（楷書，刻靈源洞橋前，從左讀。按：章時發，曾知惠州軍州事。）

淳祐甲辰重陽日，郡別駕臨卭楊選，約長樂黃師愨、鄉僧德靜來遊鼓山之靈源洞。男猷童、孫嘉老侍行，住山得融汲泉酌茗於此。（楷書，刻靈源菴前。）

會稽趙與鏘齊賢，偕弟與鍩德載，淳祐甲辰臘月二十四日重遊鼓山靈源洞。（楷書，刻靈源洞橋前。按：與鏘、與鍩，皆燕王德昭九世孫。）

眉山李鏞因祖考文簡公諱日，挈二子淇、樞過鼓山飯僧，遊靈源洞，徜徉一日而歸，時淳祐五年二月庚午日題。（楷書，刻靈源菴前。按：李燾，眉州人，官敷文閣學士，謚文簡。）

稽陰趙彥湄濟川、莆田蘇薦與遜夫、延平謝華維岳，淳祐乙巳後重陽一日游於此。（楷書，刻靈源菴前。按：趙彥湄，係魏王廷美第五子，鄖國公六世孫。）

天台應垕茂博、建安劉煥文子、莆陽林彬之元質，以淳祐丙午寒食來遊。（楷書，刻龍頭泉右。按：劉煥，時任寧化縣事。林彬之，端平二年進士，官福建常平司幹官。）

嚴陵喻龠，攜子慶、孫遇通、守真候館，以淳祐丙午清明前三日偕道山徐泰叔來游，因徧覽奇勝，恭讀西山先生文忠公詩，倚暮而歸。（楷書，刻喝水巖上峭壁。）

龍江蘇溥景淵、天水趙希性成己[1]、九華葉信厚季有、委羽趙必奕叔弼、古栝蔡登元龍，以淳祐丁未季春望前一日，公餘同遊。（楷書，刻靈源洞左。按：趙希性，係燕王德昭八世孫。趙必奕，係太宗第一子、漢王元佐九世孫。）

歲在淳祐丁未之秋，建州劉霆侍兄□□山二表，同諸丈登石鼓，酌湧泉，追憶舊游，恍如一日。再獲拜觀文公先生外大祖書趙公“天風海濤”之句，感慨久之，敬識小詩拂塵，併簡住山信和尚。（楷書，刻龍頭泉，右詩別見。按：劉霆，學古之孫。宗信長老，見《開士志》。）

淳祐丁未孟冬朔，止泓趙希袞，偕客王復、陳士挺來遊，子與諫、與譁侍，住山宗信、僧顯輝、智燈。（楷書，刻靈源洞左。按：希袞，燕王德昭八世孫，時知南外宗正司事。王復，福寧人，嘉熙二年進士。）

淳祐丁未良月二十有六日，古栝鄭思問，與同幕番陽徐憲、洪藏、臨安郎伋客、秦溪李光清來游，申孫、滁孫侍。（楷書，刻靈源洞左。按：洪藏，時任汀州司法參軍。鄭滁孫，字景融，景定間進士，後仕元，官集賢學士。）

戊申之春，二月既望，莆田鄭玠，與郡人潘昱伯、林圓、黄循父、林文子、余應發、唐大章、劉應得，飲別於此。（楷書，刻靈源洞邊。按：林圓，既見淳祐初元九日刻，此戊申當是淳祐。鄭玠，時任福州教授。）

郡人鄭寀同周圭、王璞、鄭自牧、張濳、方應澤、劉自、黄士賡同遊靈源洞，弟宦、甥上官晟、子遊侍，淳祐戊申四月既望。（楷書，刻洞前。按：鄭寀，字伯亮，長溪人，紹定二年進士，

---

① “己”，原作“巳”。

官端明殿學士。王璞，字器之，長樂人，紹定五年進士，官知潮州。）

古磚出唐井，豫識國師名。於此坐禪處，喝回流水聲。如何神晏塔，移作李綱塋？見説山中石，不平空自鳴。淳祐己酉閏二月清明，閩安鎮官四明趙蔗境與滂題於白雲亭石。（楷書，刻靈源洞橋前。按：與滂，字肖范，太祖第四子秦王德芳九世孫。）

淳祐九年歲在己酉七月庚辰日，秋房樓治與客張棪、何光大、弟濡偕游盡日，湧泉亭上月明，同詠而歸。（楷書，刻石門左。按：樓治，時任茶鹽提舉。）

趙與遺德遠、與駒致遠、與駿稱德、與傚君茂、黄邁節甫、林仍祖貫道、王有鳳德説七人同登是山，時淳祐己酉重陽前六日，稱德篆識之。（篆書，刻石門右。按：與遺、與駒、與駿、與傚俱秦王德芳十世孫。與駿時知連江縣事。黄邁，知永春縣事。）

郡人鄭仲路、吳起巖、吳秀發、葉亮祖、吳季發、鄭宭老來訪喝水巖，同遊靈源洞，時淳祐庚戌季春望。（楷書，刻靈源菴前。按：鄭仲路，字文載，閩縣人，嘉定元年進士，官知連州。起巖，閩縣人，一云長樂人，淳熙十六年鄉薦。吳秀發，字宗魯，寶祐元年進士。吳季發，字宗勤，淳熙十六年鄉薦，官天章閣待制①，皆起巖弟。鄭宭老，字邦壽，長溪人，咸淳四年進士。）

淳祐辛亥立春後一日，移漕建水，挈家遊鼓山，登小頂峯，俯瞰山川城郭如畫，晚飲天風海濤，蓋武夷翁舊題也。留詩石間以紀歲月，眉山史季温子威父書。（楷書，刻龍頭泉左，詩别見。按：李溫②，時任福建轉運判官。）

兩峯峻上半天開，一水爭奔急雪來，眺遠直疑滄海近，洞靈

---

① “待”，原文本作“侍”。

② “李”，原本作“季”。

曲拗湧泉迴。概思南北江山異，更陟崟嶬宇宙恢。眇眇愁馀歌石鼓，漫磨枯墨灑蒼苔。栝山鄭應開偕同舍郎靳盈之遊，二子桂、梅侍，寶祐第一春二月五日。楷書，刻石門右，靳盈之，字仲謙，閩縣人，紹定五年進士，官朝議大夫。

寶祐五年秋八月壬寅，胡垓及張元孫、張經、陳無咎、楊叔濟、趙汝與、時銿、黃大任、高慶之、張介然、丘聞之、王維新會於靈源洞。（楷書，刻石門右、鄭日湖詩下。按：張經，蘇州人，端平二年進士，知侯官縣，又提舉常平茶司。陳無咎，郡人，淳祐十年進士。楊叔濟，字濟叔，閩縣人，寶祐四年進士。趙汝與，太宗次子許王元僖七世孫，寶慶二年進士。趙時銿，字君招，魏王廷美八世孫，嘉定十年正奏。邱聞之，郡人，淳祐十年進士。王維新，郡人，寶祐元年進士。）

大宗與櫝覩蔡、李、朱、趙書詩，寶祐六年四月十三日。（楷書，刻靈源洞橋前。按：與櫝，係宗室，太祖十世孫。）

芳洲黃洪同遊天風海濤之勝，任沖老偕家人缺。至烏山留詩缺。寶祐丙辰九日。（楷書，刻靈源洞門石磴左。後有詩，不可辨。）

鄱陽湯漢以使事過鼓山，觀天風海濤之壯，遂登大頂峯，盡得奇觀，同遊者眉山宋輝、上饒鄭日新、長樂陳堅、潘夕卿，開慶己未四月十三日，住山普門立。（楷書，刻靈源洞石磴左。按：湯漢，字伯紀，安仁人，時任福建安撫使。普門長老見《開士志》。）

景定癸亥仲夏，王鎔景範、陳仁玉惪公同遊靈源洞。（楷書，刻靈源洞橋前。按：王鎔時知福州。）

咸淳改元後中秋四日，東軒常挺解、溫陵印來遊此山，男清子侍，自城來會者陳斗應、林文重、徐武叔、至叔、賓叔、國生、林椿、張以富、林壯孫，時趙希□、王榮偕焉。（楷書，刻靈源洞橋前。按：常挺，字方叔，連江人，嘉熙二年進士，知泉州。

陳斗應，字上建，侯官人，寶慶二年進士，官朝奉大夫。林椿，福州人，寶祐四年進士。王榮，建安人，淳祐元年進士，官清流主簿。）

咸淳乙丑中秋前五日，杜廡黃公立、高拱辰來遊。（楷書，刻靈源洞石磴下。按：黃公立，字子卓，邵武人，寶祐四年進士。）

劉震孫行部過此，與客徐汝孔、鍾文珍、林起予、郭玗來遊，住山法琪，咸淳二年二月八日。（楷書，刻靈源洞。按：劉震孫，時任福建轉運使。法琪長老見《開士志》。）

林希逸、徐汝乙、林拱辰、趙必岊咸淳二年十月三日同遊。（楷書，刻靈源洞石磴左。按：希逸，字肅翁，號鬳齋，福清人，任簽書判官。林拱辰，莆田人，端平二年進士，官朝奉郎。趙必岊，太宗第四子簡王元份九世孫。）

咸淳丁卯八月十一日，張鎮初遊鼓山，同游王剛仲，子濱、泳侍。籠翎圈裹著禪關，頂有奇峯磴可攀。上下乾坤大千界，東西陸海兩三山。臨滄霧向風前解，喝水泉因雨後潺。一宿迷歸山莫哂，小窓經日對孱顔。（草書，刻靈源菴對崖。）

咸淳己巳季秋，於麓陳穆領親朋七人，登屴崱，趨靈源。越歲庚午仲秋社後三日，侍親為壽表，林侶曾、吳章孫、魏崇節重來游，子唐驥、文鹿[①]、周熊，姪禹龜、百鼇、吉宣中、寧中，甥連人、劉棐侍，不期而復會者林明善。（楷書，刻石門左。）

咸淳癸酉季春望日，延平廖邦傑以度節行鄉部，艤舟鼓山，詣祝聖所，申虎拜之恭，因登大頂峯，三山趙時洄、莆田鄭希點、莆田葉渙、合沙曾琮從，住山正凝、東山慧昌、北山明鑑。（楷書，刻龍頭泉右。按：廖邦傑，字懷英，順昌人，時以帥參攝軍事。

① “鹿”，黃任本作“麗”。

趙時沺，係魏王廷美八世孫。鄭希點，咸淳元年進士，官太學博士。葉湙，嘉定十三年進士。正凝長老，見《開士志》。）

國師巖。（楷書，徑二尺，刻喝水巖澗底右壁，相傳郡人陳襄書。按：鄭江詩云：古靈更有碑三字。指此也。）

壽。（楷書，高二丈餘，刻喝水巖橋下，相傳朱熹書。）

天風海濤。（晦翁為子直書，徑尺許，刻大頂峯磐石。）

青天白日。（楷書，徑二尺，刻大頂峯“天風海濤”旁。）

蔗境。（楷書，徑一尺，刻龍頭泉左。國師巖。楷書，徑三尺，刻靈源洞，相傳蔡襄書。）

湧泉亭，柱有蔗境詩，石有蔗境字，皆不題名氏，四明趙與滂肖范見此有感，題曰：詩題蔗境不題名，墨蹟懸巖碧蘚平。遊宦來看心忽悟，前身應是趙先生。（楷書，刻龍頭泉，與“蔗境”二字相連。按：與滂亦號蔗境，故云。）

開封曹繼本侍兄公弼同三山李澤卿、陳塘、洪魯卿、柯梁、釋守如，丙辰季冬十七日遊眺，命子慈書。（楷書，刻石門。）

柳元禮邀孫居易、柯季忱、李志遠、張應和、潘廓如同游，辛丑上元前七日。（楷書，刻喝水巖左。按：柳約，字元禮，華亭人，大觀三年進士，官殿中侍御史。柯棐，字季忱，閩縣人，崇寧五年殿試第二人，官朝請大夫。李邁，字志遠，侯官人，崇寧五年進士，官朝議大夫。潘闢，字廓如，長樂人，崇寧五年進士，官朝散大夫。）

元造此筧，通水入廚，每遇久晴，常買竹引西坑水相添，流長筧小，水到不及半更缺，複運羅漢泉接濟，住山皖山禪師遂命工移舊筧，引對面源水，更造大筧一百四丈接到寺後，剩水則分積前池，旱則全引大廚供眾，旹咸淳九年癸酉五月改朔，題此以記經始云。刻寺後西坑石上。

元刻

至元壬午八月寒露[①]，易陽参政焦公、鎮陽郎中元漢卿、宣慰王元應、本路宣慰黄頭總管岳侯運同劉潤父、東平信雲甫來遊。（楷書，刻石門左。按：焦公名德裕，字寬父，雄州人，任行省參知政事。）

大德元年歲次丁酉十一月中旬，行御史臺監察御史楊忠翊偕書吏楊仲舉、福州府判郝謙公餘來遊。（楷書，刻石門左。）

總統三藏大師沙羅巴、監憲公脱脱木兒、簽司陳錫、潘昂霄、禿滿同余來遊鼓山。大德二年春正月乙未，福建閩海道肅政廉訪使、濟南趙文昌題。（楷書，刻石門左，詩別見。）時靖也侍行，長老在山傑公刊諸石，是年四月初吉，靖同耆宿吳綺、陳子修來遊。（楷書，刻文昌詩後。按：潘昂霄，濟南人，官侍讀學士。長老道傑見《開士志》。）

皇慶壬子秋九月晦日，江寧楊剛中志行來游，挹江海之清風，訪古人之陳蹟，顧瞻感慨，因寓之辭，太末胡夢霖止水後至，請列諸石，乃書之。（楷書，刻水雲亭，詩別見。按：楊剛中，時任福建道炤磨。）

將軍石，清源林銓至正庚辰季秋六日。（楷書，刻將軍石上。）

至正庚寅五月十九日，憲副朵兒只班善卿、僉憲奥魯赤雲卿、赫德愈本初公餘出郭閲稼，因遊靈源洞，勒石以紀歲月云。譯史廉丑斯、書吏劉濬、黄齊賢、王德政、馬居禮、呂晰、李玄逯、元臣、奉差辛元振、程廷璧侍行，時住山海翁長老。（隸書，刻靈源菴口。按：海翁，即如山。）

至正二十年庚子春二月三日，閩憲副高昌兀奴國器、僉事新

---

① “元”，黄任本作“正”。

安鄭潛彥昭同遊鼓山，登天風海濤，憩臨滄亭，舉觴稱壽，留題刻於石，止菴鄭至。（楷書，刻靈源洞，詩別見。按：鄭潛，歙縣人，任泉州路總管，遂寓居懷安，入國朝，官潞州同知。鄭至，昭先之孫。）

至正二十五年秋八月朔日，遼東薛朝晤、靈武王用文、濟南李君憲、會稽胡溫來遊。（篆書，刻半山亭之左。按：王翰，字用文，靈州人，時任福建行省郎中。薛朝晤，至正十四年狀元。胡溫，字遵道。）

至正乙巳九月望，廣平程世京、建安徐世憲、郡人吳海、黃厚同遊宿此。（篆書，刻大頂峯磐石。按：程世京，字伯崇。徐時憲，字宗度。吳海，字朝宗。黃厚，字伯弘。詳見《吳海記》中。）

乘雲。（楷書，徑二尺，刻半山乘雲亭石上，元王用文書。）

本寺風水係乎兩池，綿歷春秋，淤泥瓦礫填塞，僅六尺高，其水將涸，莫能淘洗。至正丙申，住山不傳和尚鳩工運泥，積於左山以崇龍臂，命匠砌石，增於四岸，以益池塍，所費二千餘工，貴圖丕緒永隆、洪基綿固耳。其池角出水處有漩在石頰下，後欲淘洗，先尋漩以放其水，庶可為之，謹志。大元丙申歲立。（刻石竪池塍上。）

明刻

洪武十二年秋九月十八日，福建承宣布政使栝蒼陳公銘、同知福建都指揮使司事和陽王公誠、僉福建左衛指揮使司事合肥陳公文同遊鼓山，入靈源洞，登天風海濤亭。是日也，天宇開霽，秋氣澄澈，東望滄溟，一碧萬頃，而海上諸峯羅列乎欄楯之下，真奇觀也。先是，福建按察司副使太原王公璉嘗登是亭，賦詩有云："夜半神龍起滄海，長風吹雨從天來。"是日期而不至，諸公誦其詩，徘徊凝佇者久之，抵暮乃歸，金華徐孳記并書，鼓山宗枝司講善旭命工刻石。（楷書，刻靈源洞。）

大明永樂二年乙酉春三月，閩藩參政李燁公暇偕參政楊公遊鼓山寺。（楷書，刻靈源洞，詩別見。按：楊公，名鼎。）

大明正統二年歲在丁巳八月二十有七日，福建等處提刑按察司按察使平谷李素、福建等處承宣布政使司左布政使會稽周頤、副使臨川楊勳、僉事王璣、上虞張居彥、吉水高超，時清事簡，來游於此，獲覽全閩之勝槩，用紀歲月云。（楷書，刻石門。）

時維首夏，天朗氣清，適此公餘，登臨絕頂，勒名於石，用紀一時之勝云。欽差鎮守福建太監順德陳道、市舶司少監廣西韋查、按察司副使番禺林榮，成化壬寅夏四月初九日書。楷書，刻大頂峯。

樂水本為智，樂山還是仁。坐觀山水趣，吟斷利名塵。正德癸酉季春，安成劉遜書。（楷書，刻龍頭泉右。按：劉遜，安福人，成化十四年進士，任福建按察使。）

正德丙午冬十月廿有九日，總鎮崔公文定、督船尚公景元同登鼓山靈源洞，遂成一絕。一掃靈源洞石題，天風獨上有雲梯。傳杯不盡登臨興，回首東郊日已西。（鄭紀。楷書刻石門。按：紀，仙遊人，官南京戶部尚書。）

青天白日。（行書，徑三尺。）明太守汪文盛書，同遊二山人：傅汝舟、高瀔。（楷書，徑一尺，刻大頂峯石。按：汪文盛，字希周，崇陽人，嘉靖三年知福州。傅汝舟，字木虛[①]；高瀔，字宗呂，俱郡人。）

嘉靖八年二月既望，福建左參政徐問、湖廣右參政留志叔、福建按察副使方豪、南京禮部郎中林炫游，都綱慧渾立石。（楷書，

① “木”，黃任本作“本”。

刻靈源洞橋前石壁。）

嘉靖壬辰春清明日，監察御史金華虞守愚、吴郡蔣詔同登鼓山，望海聯句："好山連日費攀躋，極目遥空望不迷。島嶼瘴收風細細，郊原雨足草萋萋。夷方萬里來重譯，海徼三秋絕鼓鼙。俛仰自慚無寸補，但歌聖壽與天齊。"（草書，刻靈源洞中橋石上。）

嘉靖癸巳季夏，左給事中陳侃、按察使胡岳、左參政黄宗明、副使陸銓同遊鼓山寺，至靈源洞，見泉石奇甚①，為之開觴（缺）。遂登鼓山絕頂，宗明書。（楷書，刻靈源菴塔下。按：陳侃，鄞縣人，以冊封琉球過閩。）

左布政使四明屠僑安卿、右布政使桂林徐乾健夫、左參政四明張時徹惟靜、右布政新安胡宗明汝識、右參議古宣吴大本性夫、副使四明沈教敬□、吴興陳良謨忠夫、昆山朱觀顒伯、僉事嘉禾諸偁揚伯、姚江孫纛志翀、貴溪江以達於順、都指揮僉事廣陵張恒子貞、淮陰章服黼子錫、金台孫蘭德馨同登。（楷書，刻大頂峯盤石。）

嘉靖戊戌春三月，致仕少保尚書小泉林庭棉、子郎中榕江炫招予同登鼓山絕頂，坐水雲亭，按閩御史大理李元陽書。（楷書，刻龍頭泉右。按：林庭棉，閩縣人，謚康懿。）

望雲遥祝。（徑三尺。）嘉靖己亥春三月庚辰，余與近菴桂子出郊勸農②，因登鼓山，遂援筆大書"望雲遥祝"於絕頂，一以祝上，二以祝親，亦以祝民也。夫三祝而忠、孝、仁之理備矣。然則是行也，夫豈漫遊者哉。時有同登者若溪王子、浦南朱子、鍾陽林子及東葵、東嵒、東泉林子伯仲三人，皆努力於忠孝之理，

① "甚"，黄任本作"異"。
② "勸"，黄任本作"觀"。

而行有尚焉者，是皆可紀也已，遂書之。守福州鶴泉崑山沈大楠書。（楷書，刻石門左。按：桂子，名榮，上饒人，福州府推官。）

嘉靖己亥五月廿四日，左布政宜賓陳卿、按察使榮昌喻茂堅、右參政思南田秋、副使遂安余鋟、慈溪沈一定、德清沈思賢、都指揮遼陽王國賢同中書舍人餘饒謝豆來。（楷書，刻靈源洞。）

最高處。（楷書，徑一尺。）布政司左布政使陳卿、按察司按察使喻茂堅，皆蜀人同登，時嘉靖己亥夏日。（楷書，徑六寸，刻大頂峯。）

嘉靖庚子，左布政使形山馮時雍遊鼓山記。（刻靈源洞橋前。）

成化癸卯，福州府知府雲間唐珣遊鼓山記。（刻龍頭井右。）

大明嘉靖四十三年甲子九月廿七日，福建布政使蜀人嘉江王尊、楚人見吾陳大賓、參政蜀人任齋塗澤民、參議浙人松間金渊、江西參政閩人海洲陳柯、育泉王應時遊此。（楷書，刻石門。按：陳柯，官至參政。王應時，官至按察使。）

江風山月。（行書，徑二尺。）範川詹萊書。（徑六寸，刻石門。按：萊，常山人，嘉靖初任長樂知縣。）

東嶂鵬霄。（行書，徑五尺。）仁夫陳兆榮書。（徑一尺，刻半山。）

青山綠樹。（行書，徑五尺。）範川詹萊書。（徑一尺，刻半山。）

高山仰止。（楷書，徑五尺。）明汪文盛書。（徑一尺，刻松關亭之上。）

白雲洞天。（楷書，徑二尺。）郡人王應鍾書。（徑六寸，刻白雲洞。按：應鍾，閩縣人，官山東參政。）

懸鍾巖。（楷書，刻蕭灣嶺上。郡人郭波書。按：波，閩縣人，官戶部主事。）

國師藏舍利塔將七百餘年，塔頂拜石竟成烏有，禪者讀志始知其處，掘土六尺，獲頂骨髮齒，輝煌相映，無不合掌讚嘆，得未曾有，蓋此山中興之瑞兆也。大艤忝承餘烈，焚香瞻禮，為述贊章，贊曰：吾師遷化，七百餘年。塔從地湧，舍利燁然。堅如黃金，粲如白玉。眾生真依，冥途炬燭。青山為龕，太虛為座。萬劫剎那，不離這箇。崇禎紀元孟春穀旦，博山大艤撰，林寵書，林大緒立石。

疑刻年代無考。

靈泉。（楷書，徑二尺，刻石門。）

仁知。（楷書，徑二尺，刻石門右。）

石門。（楷書，徑二尺，刻石門上。）

白雲古道。（楷書，刻峬頭，平鋪地上。）

羅漢泉。（楷書，徑一尺，刻泉前。）

鳳池山。（楷書，徑二尺，刻靈源洞石磴之址。）

南極老人。（隸書，徑二尺。鄱陽洪革書。楷書刻靈源洞橋外，與無量壽佛字相連。）

諸惡莫作，眾善奉行。（楷書，徑二尺，刻祖師石灶旁。）

但行好事，莫問前程。（隸書，徑二尺，刻師子峯後右窠。）

我得無諍三昧，人中最為第一。（楷書，徑二尺，刻師子峯後右窠。）

海晏河清。（楷書，徑二尺，刻石門。）

壽如廣成子，住空同千二百年；爵比郭令公，歷中書二十四考。（楷書，刻靈源洞橋邊。）

鼓山志卷四終

鼓山志卷五

住山釋元賢纂修

藝文志一

山自峙，水自流，本無待於文也。自夫人而言之，則若有待於文。蓋以發舒性情，藻繪形器，文之為用大矣。謹摭遺帙，用備觀覽。志《藝文》。

碑

重修湧泉寺碑

宋程邁

鼓山白雲湧泉寺，肇始於朱梁開平，定慧國師神晏居之。自晏至今，更住持二十有五，歷年二百二十有四。真宗皇帝在御之二年，始賜院號。紹興乙卯，福唐大旱，斗米千二百有奇，主僧法勳負積券一千六百萬錢，謝事而去。前帥給事張公遷乾元長老士珪董院事，珪以儒生棄緣，早見龍門佛眼禪師，神機默契，得大自在解脫法，貫穿經史，下至諸子百家之說，可與論古今天下事。得檄之夕，負囊以發。平日交遊，多一時賢士。黎明交至，問以所闕，瞬息之間，無不辦事。於是大敞覺林，四方衲子，爭先以趨，有江左廬山盛時氣象。珪方一寢食，均勞力，汲汲行道，啓迪後覚[1]。安僧眾堂敝甚，議大新而增廣之。明年更修五百羅漢閣，下闢三門，傍通兩廊，翼以隨閣，儼然有飛走之狀。又明年，創前資湧泉寮，猶以為未也，廼於己未歲，復立老僧閣以處高年。恐或遺於後進，化募五千緡設致長生度僧會，以其餘錢三百徐萬結石為路，以便行。又明年，大建法堂，規模雄大，幾冠天下，予兄昭遠喜而為之書額。復出其私，造十方住持之塔。辛酉修白雲老宿窩，以待觀覽，以奉耆舊，而病者之居、受業之室，亦莫不鼎然一新。顧視古佛大殿，壯實不撓，姑易其棟而整頓之，凡費錢九千六百餘萬，不待勸率，人爭以施。山中常產瀕江，率在洲渚，浮沙聚散，出沒不一，歲輸納有司最重，所得不償費。分遣徒屬，窮治淪沒，整整有緒，圖籍具存。住持六年，而內外大小無不備舉矣。夫天下事每成於至誠，危者可安，敗者可成，難者可易，天理默通，猶如反掌。若非至誠，則人於此，不生信心。信苟不生，何以感格？又安能有成之敏速若此哉！予觀珪之施為，慊然有感於心也，於是輟公家之餘，親為之記。

紹興十二年五月望日，顯模閣直學士、左中奉大夫、知福州軍州事兼管內觀農使、充福建路安撫使、馬步軍都總管、文安縣開國子、食邑六百戶、賜紫金魚袋程邁撰。住山傳法沙門士珪立石。

忠懿王祠堂碑

釋王廊

五代之間，諸侯割據，天下瓜剖，訓練士卒，更相吞噬，而佛法獨盛於其時，以國王大臣猶能傾心奉道，人重法故也。當是時，孟氏起西蜀，錢氏據浙右，李氏守江南，以至閩之王氏，皆嚴塔廟，

① “覺”，黃任本作“學”。

崇聖教，延訪高僧，咨求法要。間有奇偉之士出乎其時，擔荷大教，激揚玅旨，片言悟主，為王者師。若江南法眼、浙右智覺、西蜀禪月，閩則開山興聖國師是也。嗟乎！輕千乘之尊，隆禮於匹夫，以道之所存，故重道而忘勢。倘非夙鍾願力、承佛記莂來為外護者，詎能如是耶？

茲山建中四年肇造佛祠，靈嶠禪師居之，遇會昌之難，鞠為榛莽七十餘年。王氏考其遺迹更興之，而興聖國師出焉。自是四方淨侶雲集霧擁，王氏傾資給施，寵賚金繒，殆無虛日，因資其餘羨，啓闢田疇，養徒巖谷，使學道之士，得棲神净域，不以衣食嬰其心，王氏之賜也。迨國師示寂，繼踵者十五代，乃至定慧大師來主是山，曾未半紀，廢事畢舉。甲子歲，始卜上方，剏王氏祠宇，嚴香燈，奉薦羞，晨夕無闕。每於諱日營齋供僧，資彼净土之報，亦不忘其德也。穎川陳彬捐金錢二萬委下院庫主僧轉質，歲收其息，於王氏齋日以助施䞋①。噫！閩佛刹千有餘區，本其興廢皆王氏績，其協力奉教如是。後之蒙澤者立其祠宇、謹其祀事，不亦宜乎！庸錄其本末，使後之覽者詳焉。

白龍禪院住持、傳法沙門王廊撰。新授建陽縣主簿陸恂篆額。朝散郎致仕輕車都尉、賜緋魚袋黃子春書丹。聖宋元佑三年十月初四日，住持傳法賜紫定慧大師顯宗立石。

重建白雲廨院碑

明王克復（福清人）

鼓山距冶城東三十里，其頂有寺。山之西麓為廨院，以接賓客，理錢谷，實寺之別館也。主僧常擇徒之能者治其事，而寺以無擾。

① “䞋”，黃任本作“僧”。

寺創梁開平二年，自政和以來，值寇兵水火之變，經幾廢興。弘治辛亥厄於回祿，癸丑復被山水所潰。都綱德丰與其徒慧欽顧力不贍，乃以其事請於欽差總鎮陳公。公慨然捐資為倡，度材礱石，工役大興。前為三門，中為觀音殿，後為法堂。凡僧房庖庫之屬，靡不畢具，壯固宏麗，超越前規。經始於是年四月，落成於甲寅正月，慧欽間詣予道其事，請為文刻諸石。

予惟鼓山，全閩勝境也。其山自雪峯來，鸞翔鶴翥，突然出於羣山之間，雄偉峭拔，崖谷環複。其南則虎頭諸峯，如筆格、如蓮花、如牛羊驅而師象舞。其東則巨海汪洋，當風收烟斂，萬里一碧，遠而琉球諸山，咸在目睫之下。西北則郡城百雉，市廛闤闠，雜遝鱗次。是寺實據江山之會，名公矩卿、騷人墨客登眺遊覽者，殆無虛日。遠方來閩而往遊者，十常八九焉。閩雖多名剎，若茲寺蓋不可以甲乙數，而廨院又寺之廢興所由者也。然非得人以振其墜，舉其廢，則將為涼烟白草之區。寺雖勝，其何憑藉而可久乎？今總鎮公於撫綏之暇，乃能留情名勝，加惠沙門，輪奐之功，適觀其成，所謂境不自勝因人而勝，其所係豈輕哉！惜予不文，無以發揚公之盛美以傳於無窮，因其請姑書此以記歲月云。

大明弘治七年歲在甲寅春二月，賜進士第、進階正奉大夫、吏部右侍郎、前都察院右副都御史、玉融王克復撰。賜進士第、通奉大夫正治卿、都察院右副都御史、新寧謝士元篆額。賜進士第、通奉大夫正治卿、廣東布政使司右布政使、三山謝瑀書丹。

復寺田碑[1]

葉向高（福清人）

夫天下之號叢林者眾矣，有其興之，胡可廢也。其廢之以幻教絀其廢之而不與廢也，以祝聖義不得絀其廢之，以乏物力絀其廢而復興，興之於垂廢之日也。長吏之所護持，神功之所托庇，義又不得絀。噫嘻！興廢之故蓋難言之矣。

吾郡以鼓山為矩鎮，寺建於梁開平。其潰於水也，以明弘治辛亥。其不戒於火也，以嘉靖壬寅。寺既燔且圮矣，獨山下廨院巋然若魯靈光，而以輸租，以焚修，以餉眾僧，以當供億，以需詞人墨客之登臨，一切取辦於檀那之田。田為畝者以七千計，後裁其五之一者寄諸學，佃人雖得以稔若秸輸，而額仍隸寺，僧坐受困矣。尋以兵興餉重、吏持之急，豪右乘其困，眈眈虎視，且侵漁焉。縉紳之倉箱日溢而苾蒭[2]如洗，計有鼠雀竄耳。

歲乙巳，王令公之入閩也，輒彈指悔恨，疇為名刹而榛蕪若此，疇為租庸而逋逃若此，疇為金身丈六而剝蝕若此，抑何以為呼嵩者地也，實邑宰重貽之羞。遂括故牒、按舊額、清宿逋、蠲苛役，籍污邪之蝕於豪者，奏記於左轄范公，既報可矣，隨清浮糧之累僧者三十石。未幾，令公入覲，鬩者復起，孫守公以定力勝之，右轄陳公、督撫中丞徐公以全力護之，而督學熊公雅不欲諸生之有加於僧也。於是田之歸寺者種種矣。令公又察比丘性聰之堪負荷也，籍而授之，而聰輒熏沐和南曰："不腆山靈，惠徼令公，借此法力，飽茲香積，令公及諸大夫其永有譽！"乃請余為志之貞珉，以垂不朽。余謂是役也，諸大夫之賜也，令公之力也。為

---

① "復寺田碑"，黃任本作"重興鼓山寺田碑"。

② "苾蒭"二字，黃任本無。

山者尸祝於一簣，而穿井以一畝為功，則謂令公什佰於諸大夫可也。因論茲寺亦阽危矣。一厄於波臣，再厄於祝融①，僅廢矣。廢而復興，天實為之。而田復厄於豪，以祝融、波臣之不能與豪格也，豪之不能與良令格也，亦天意矣。天不欲此田久蝕於豪，而沙彌輩不能任，故假之良令之手，又欲使良令樹德建功千秋百世，假此少試經綸之技，豈天意奉令公耶？

令公在余四封之內，郡人頌其廉而謙、敏而斷、彊直而溫厚，治行在五鳳神爵間，非久當內召侍臺端直左掖，而斯寺之祝令公與山俱敝可也。後之感廢興者，當於是乎考之。徐公名學聚，蘭谿人，癸未進士。范公名淶，歙縣人，甲戌進士。陳公名所學，景陵人，癸未進士。熊公名尚文，豐城人。孫公名大壯，黃岡人。俱乙未進士。王公名世德，永康人，辛丑進士。法得並書。

大明萬曆丁未冬，賜進士出身、資善大夫、禮部尚書兼東閣大學士、福唐葉向高撰。

重建鼓山湧泉禪寺碑

釋元賢（住持本山）

天下之事僅興僅廢，若靡有常，然亦若有常而不可強者，則時焉耳。時之未至，雖巨力任之而弗就。時之既至，雖綿力舉之而克成。吾於湧泉之事見焉。自湧泉之廢於嘉靖壬寅也，僧之欲力起其廢者不一其人，需之至九十載不一其時，而卒莫底績。至遠延博山父子主其席，彼望重一時，僧眾樂歸，諸檀樂護，則茲寺之復，宜同插草，而竟以博山任重辭去，此豈非時之未至，雖巨力任之而弗就者乎？

---

① “一厄於波臣，再厄於祝融”，黃任本作“一厄於祝融，再厄於波臣”。

余之來兹山也，在崇禎之甲戌，其時寺中猶半草莽，有大殿巍然中立者，宫保曹公同僧道東、智諦所建。殿之旁為齋堂，堂之後為客寮、為香積、為庫司，則皆衆僧建之以延博山者。殿之後為法堂，堂之右為方丈，則僧弘曉之力也。方丈之前為禪堂，乃以西庵改為之，狹陋不足以居廣衆。馀時徘徊，四顧凜然，有弗勝之懼。是冬，兵憲林公弘衍為建鍾、鼓二樓。明年，曹公復為建天王殿。丙子秋，為建藏經堂於法堂之東。丁丑春，余以聞谷大師歿，千里赴吊，遂留居真寂，凡五載而後歸。歸則見大殿為海風所刮，兩角已崩，淋漓滿地，雖佛像如生而金碧亦且剝落矣。乃謀再造，即命石工甃殿前月臺及大庭石。明年癸未，求木於建州，冬乃鳩工造殿，復移正天王殿，而益其旁為十方堂。甲申夏，於大殿左右各翼以遊廊而上達於法堂。廊之西為禪堂，大中丞邵公捷春之所建也。堂之前為梵行堂，乃改舊禪堂而廣之，用居行僧。梵行之西，為圊為湢，凡十二間。冬復建伽藍、閻王二祠於殿之左廡，建祖師、壽昌二祠於殿之右廡。乙酉夏，改齋堂南向。齋堂之前為白雲堂，以待賓客。白雲之東為小客寮，即移昔之客寮於此也。齋堂之東為香積者六間。丁亥塑三寶、天王諸大像。庚寅建净業堂於白雲堂之前。建華嚴堂於梵行堂之前。建碓磨坊於寺之東臂。癸巳重建三門，至是而寺之廢無弗舉者。

是役也，前後凡十五載而功始竣，是皆龍天之默廕、檀那之欒輸、僧行之勤勞，而余實尸居丈室，説顓頇佛性，證瞌睡三昧而已。初不知其何以至此也，此豈非時之既至，雖綿力舉之而克成者乎！是知天下之事，功不可以倖成，勢不可以力爭。大《易》為五經之源，而吉凶悔吝，惟時是趣。孔子為諸聖之尊，而仕止久速，惟時是律。時乎時乎，其可違之以自立乎？寺既成，例當有記，乃為紀其歲月，用貞之石云。

報親塔碑陰

釋元賢

為僧者既出家事佛，則父母葬祭之事乃在家男任之。不幸而在家無人，則葬祭何託？乃為立此塔而合葬之。歲時常住設祭，庶幾仁人孝子之心，可以無愧也。塔在本山舍利窟之東隅，坐子向午，成於順治壬辰三月既望，倡緣者僧道上、居士陳寂知，監院弘忠監造。

序

興聖國師玄要集序

宋釋紹孜（羅山住持）

夫釋迦西現，張教網於多門；達磨東來，指人心於徑路。不由名相，頓悟真乘；靡歷化城，直之寶所。自少室之花開六葉，曹溪之胤布諸方，爰出石頭，號純金鋪，格高調古，言嶮理幽，厥後子孫，從宗行步，闊狹毫釐弗差矣。

即有先興聖國師，法嗣雪峯，乃石頭五葉也。坐道場則三十二年，擁毳侶則一千餘眾。或牴牾學者，提唱宗乘。機鋒迅而金烏取龍[①]，格致高而般倕匠物。言如電火，搓之而一點隨流；事比蟾輝，唱之而孤輪不墜。破空有而旋敲中道，話君臣而匪稱當人。排净名而未是本參，斥圓常而非為極則。往前所集，漏落者多，漸邁金烏，恐成水鶴。

今者了宗大師，昔推入室，今契傳衣，凡以樞要之言，竝蘊胸襟之內。瀉瓶傳器，分燈散明，慮有拋遺，再從編錄，總一十六會，

① “烏”，黄任本作“翅”。

偈頌次之。自量淺識之徒，獲覩未聞之教，揮毫承命，聊述端由。時乾德三年乙丑角黍後五日，紹孜序。

列祖聯芳集序

僧慶麟（本山住持）

聖宋皇祐二年庚寅歲仲春，余自萬安歸故山。越明年暮春，有知興化軍屯田俞公，假道福唐來遊是院，予因迎見之。及坐，公輒問曰："鼓山開剏於今有年，累世子孫陞堂嗣續，星歲始末，其有錄乎？"予對曰:"往世難於稽攷,近事尚可訪詢。"公笑曰:"傳家之譜，何可闕歟？盍亦采而集之。"予退而討諸舊志，詢諸耆年，得當代宗師法要行實，存諸別錄。此則但記其住持初終，聯燈繼業，總成一集，寘於開山國師真堂，俾司是堂者遞相傳世，毋墮前事。後之住持，當繼歲月，為列於後。

列祖聯芳集後序

僧惠深（本山住持）

住山諸尊宿俱有塔銘，詳載其始末，此所謂《列祖聯芳集》者，不過書其所生之地，得法之由，併出世歲月。茲山有大興建，亦書之末後，載其示寂之日，僧臘俗壽多寡，所瘞之方而已。自圓覺而下，數傳皆不得前人之式，每有一事則衍為二三百言。或誇他家勳烈之多，衲子輳輻之眾，火後舍利之繁，皆失其實。使觀者厭見，得非反誣前賢之德耶。今從圓覺傳始，刪去繁詞，使簡潔可觀，於山門少有營作者亦書之，不敢沒其功也，覽者幸察焉。紹興甲寅，住當山孤峯惠深題。

靈源集序

明釋善緣（本山住持）

靈源乃鼓山之洞名，洞何為而有集也？蓋集古今名公鉅卿登覽之所題詠也。鼓山之名，唐以前不甚著，始自唐初，有彩鳳來浴於大頂之池，郡人以為瑞故，城中立鳳池，扁以應之。又有白龍潛於屴崱之下，維時神僧靈嶠者頌《華嚴》於石上，其龍聽法遂舍去，因建華嚴寺，尋廢。至梁開平二年，閩王審知復創寺，賜名湧泉。開山者，神晏國師也①。其寺之楝宇翬飛，金碧交映，喬松蒼檜，煙雲繚繞，隱然若耆崛之境②。寺之右由石徑，陟於石門詣普賢境界亭，度松關亭。松關下一里許，庵曰圓通。少曲數百武有半山亭③。下半山而歷乘雲，造東際而抵化城，由化城右出，有瑞泉。瑞泉東豎"祝聖萬年山"之石匾。萬年山之前曰通霄路，因國師"他家自有通霄路"之語也。寺之左循徑而入為靈源洞。洞口雖狹，中甚宏廓，每雷雨作，其中簸蕩若鼓聲。跨澗為蹴鼇橋，白雲亭覆其上。過橋，有喝水巖，相傳西澗水聲喧轟，國師叱之，西澗遂涸，乃逆流於東澗。再越數十武，有湧泉，即逆流所出者。由是歷臨滄亭，抵天風海濤亭極焉，壁間有朱晦翁之書，蔡君謨

① 以上从"靈源乃石鼓山之洞名"至"開山者，神晏國師也。"一段文字，黄任本作："靈源乃石鼓山之洞名，何為而有集也？蓋集古今名公巨卿、文人墨客登覽之所題詠也。然而鼓山大刹創自梁開平二年，迄今五百餘歲矣。檀越者誰？王審知也。開山者誰？神晏國師也。若其山之靈異，亦有可言者焉。始有彩鳳來浴於大頂之地，而池面郡治，使郡人無燹火之虞，故郡人立鳳池匾於郡城中以應之。又有白龍潛於屴崱下之潭，維時神僧靈嶠者閱《華嚴》於石上，其龍聽法遂舍去，因斯祥而辟斯寺。"

② "隱然若耆崛之境"，黄任本作："隱然蓬萊仙境也"。

③ "松關下一里許，庵曰圓通。少曲數百武有半山亭。"黄任本無。

之文，趙子直之詩，靈蹟奇蹤，叠出夐現，誠閩南第一峯也。聞者莫不歆慕而登覽，覽者靡不暢懷而詠述，故見於詩歌，有若良金美玉琤然其聲者，有若吳綾蜀錦郁然其華者，又有若長江巨海汪洋無際者，又有若嚴霜積雪瑩然無埃者。楊子曰：身登高而心曠遠，故其言溜亮。非此之謂乎？然歷年既久，詩文浩瀚，有已刻於石者，則苔封蘚侵，觀者艱於覽誦。有未刻於石者，時移人換，久而散佚失傳。故予不揣，併而集之，名曰《靈源集》，亦使後人之題詠續此源源而不絕也。昔李太白作《麻姑山賦》，而麻姑之名隨重於天下。矧鼓山為閩南之鉅鎮，而又得名公鉅卿倡和之盛，其名豈不益重哉！是為序。

旹大明永樂十二年歲次甲午，本郡都綱善緣書。

鼓山舊志序

趙世顯（閩縣人，通判）

古今之為志者，遷固其選矣。他如《博物》《述異》，秪以炫奇，《夷堅》《虞初》，徒資談噱，然猶古之遺也。晚近有作，匪考之弗實，則語焉弗詳，甚至附會蕪雜、荒唐謬悠，吾無取焉。鼓山舊無總志，雖遊蹤不絕，奈文獻無徵，失今不圖，後將何述？友人謝在杭夙嗜司馬之遊，雅擅三長之譽，宅憂之暇，爰與朋儕東窺屴崱，徧尋古蹟，披荊棘，闢草萊，剔苔蘚，凡危峯秀巒靡弗歷，靈巖窈洞靡弗探，鐫石留題靡弗錄，古碣殘碑靡弗辨，嘉木、奇石、園圃、土田、委徑、故道、精廬、佛刹、神區、仙跡、緇錫源委靡弗窮其始而究其終，積日累月，編次成書，務俾幽隱畢達，高深咸晰，烟霞生色，猿鶴揚聲。是故首之以《勝蹟》而靈異昭矣，次之以《建置》而規制備矣，又次《田賦》而供需賴矣。《物產志》則名區之生息以章，《沙門志》則衣鉢之相承有緒，《貞珉志》

則歷覽之人代有稽，《藝文志》則今昔之詠題弗泯。至於《叢談》，亦竝載罔遺，則騷逸之麈柄弗竭，洵名山之信史，資千古之考鏡，斯志不與兹山相為無窮者乎？予惟曩昔三陟山巔，晚歲病疲，實同宗炳，睇此瑤編，神情飛動，不謂鄙語，亦荷兼收，弁以蕪辭，逾滋汗頰，縱在杭不我吐棄，得無貽咲山靈乎？

萬曆戊申歲冬十一月既望，前進士郡人趙世顯撰。

遊鼓山序

趙世顯

地設晉安，天成芳崱。亭開鳳尾，泉湧龍頭。紫陽寄跡之區，黃石棲神之所。圓通閣敞，天風直送海濤；喝水巖幽，山色遙連江樹。野徑分而茗園積翠，石潭響而竹塢浮青。禪榻隱蒼藤，諸天縹緲；鐫題封碧蘚，千字微茫。僧定雲端，瓶水雨花寂寂；樵過澗曲，浴鳧飛鷺悠悠。貝闕珠宮，恍東去蓬瀛之勝槩；金函玉檢，延西來衣鉢之真傳。霧散烟消，海外見琉球之島；天晴日朗，雲中瞻閩粵之城。時過青陽，序當朱夏。蓮塘漾綠，榴徑舒紅。雨底熟黃梅，荒郊氣潤；風前紛紫麥，亭午陰清。盧橘影中，覩青虫之隱見；薔薇香裏，聽玄鳥之呢喃。童冠昔偕，曾播舞雩之詠；賓朋今合，言追河朔之權。凡我同盟，從吾所好。鍾毫薛素，預斂於行箱；桓笛稽琴，早修而就道。雕鞍既歇，嘉讌旋開。幽懷暢而動植增妍；遊興新而乾坤借色。通玄倏步，窺窈洞於靈源；超凡繼升，矚懸崖於大頂。陟鰲橋而望遠，萬象呈輝；臨鳳沼以探奇，羣峯列峙。瀑泉飛而瀉玉，山鳥哢以鏗金。盃勺隨人，樹底頻傳鸚鵡；珠璣在手，壁間時走螭虬。清歌發而鶴夢驚，長嘯舒而鸞音朗。既乘時而騁望，亦撫景以興懷。嗟勝地之難逢，悵浮生之若寄。越宮羅綺，惟見青苔；漢代衣冠，空餘綠草。花開花落，倏歲月之更新；年去年來，獨江山之似昔。是以季鷹快意於杯酒，至若太白興思於夜遊。洵達人之大觀，為吾徒之所與。惟茲同志，咸多雅懷；共播聲歌，用垂不朽。

九日鼓山遊宴序

徐𤊹（閩縣人）

白帝司權，黃菊籬邊呈色；金商轉候，紫萸囊裏生香。茲當重九之辰，共作登高之樂。江南王謝，鄴下陳徐，遂挾青尊，同尋白社。小舟可買，泝幾百里之鯨波，雙屐堪攜，歷千萬層之鳥道。曉攀叠嶂，千頭古木撐雲；夜度石門，四壁垂蘿絓月。崔嵬複嶺，嵐光松影交青；幽翳叢林，蟬咽籟聲鬪響。遙觀大海，蜃氣成樓；俯瞰長江，馬頭如帶。北拱已低蓮嶼，西來又隘旗丘。蕞爾一區，隱隱無諸城郭；渺然數點，茫茫天外琉球。洞中流水去何方，曾經喝絕；山半祇林遺故址，蓋為火殘。借宿虛龕，對高僧而演偈；采真深洞，醉村醲而賦詩。狂遊遍靈蹟之中，意氣超形骸之外。茲遊特尠，勝事堪傳。何必登戲馬之臺，不讓陟龍山之頂。故人生貴適志，幾人能共此煙霞；而行樂須及時，爾輩當堅盟泉石。凡我同志，請各摛辭。

鼓山志卷五終

鼓山志卷六

住山釋元賢纂修

藝文志二

記

請雨記（刻大頂）

宋徐鹿卿（豊城人，幹辦公事）

紹定壬寅夏六月不雨，至於秋七月，徧走羣祀，未效。大帥番陽李公以石鼓閩重鎮，其下眾水所匯，必出雲為風雨，乃命屬吏南昌徐鹿卿致禱。丙申詣寺齋宿，丁酉黎明登岁崱，禮畢而雨，是夕大雨，戊戌又大雨，己亥雨止。稿者獲，涸者流，刻而識之，侈神之休。

遊鼓山記

元吳海（閩縣人）

福為八閩都會，上四郡皆山，地勢局促，不能廓以舒。下三郡皆濱海，風氣疏蕩，不能隩以周。惟是州處其中，不蕩不局，得二者之宜。環州之山，惟東石鼓為最高，能興雲雨，蓋州之望也。

歲乙巳九月十五日，郡人黃伯弘約予與廣平程伯崇、建安徐宗度自河口買舟，順流而下，抵白雲廨院，時日已酉。過東際石橋，橋覆以亭，流水出其下，潺潺有聲。沿麓稍登，澗鳴在左，荔陰團團，有大石可坐。近里許，有亭曰“乘雲”，近亭有竅泉，行者掬以飲。又里許，到半山亭，亭後小豁，俯瞰山下。又里許，閣曰“圓通”，憩焉。閣外疎竹斜映，倚欄平睇，江流二道，如白虹游龍，縈帶長洲。靡焉而東趨，漁歌互答。西山凝暉，碧翠異狀。前登嶺路，景射人背，轉而右，見奇光玲瓏，篩林若金，點綴樹上，如花瓔條，如果有葉，華彩相映，瑰麗不可名狀，玩之久而後去。又轉而上，皆幽林清樹，半里許，夾道有小松，曰“松關”。日已下山，暝色將斂促行，度屺，表曰“全閩第一峯”。下小坂，皆平途，左為矮垣，迤邐達寺，已昏黑，訪法上人，宿於超凡閣。越明日，繞寺右行蔬畦間，度松林二三百步，入叢篁中。徑旁小竹，微露綴其上如珠，時滴人衣，覺清爽。出篁竹，皆微蹊，二里許，登小頂峯，峯值寺後，下視殿閣，若騎其尾。西望郡城，列雉數千，市廛闤闠，雜沓鱗次。麗譙浮圖，臺門府寺，釋老之宫輝霍崇麗，鬪出其間。州邑之雄，可謂罕儷。舊時村墟野落，化為瓦礫之場，而居者鮮矣。由小頂而上，又里許，至大頂，使童僕行前伐灌莽、披荊棘，擬步而後可進。若是二百舉武，少轉而南，然後造乎屴崱之顛，行者皆疲，人以意擇石而坐。午食畢，仍拂石刻，觀晦翁大字，讀沈公巑銘，摩挲徐鹿卿《請雨記》，《記》漫，久乃可辨。時空晴景明，萬象呈露，幽奇詭異，不待搜剔自來獻狀，使人造字倏然而塵慮消，淡然而情景融。極目西北諸峯，若數百里，攢者、鶩者、淩者、鬪者、攘者、赴者、突者、篖者、特立獨出者、齦齶劍戟者。西南諸峯，若雲矗波湧，若牛羊驅，若車馬馳，近至數十里之内，皆周旋徘徊、頓伏安帖，間之以溪壑，流之以江河。蓋山自劍、邵來者，至水西旗山而止；自汀、泉來者，至水南方山而止；自建來者，至是山而止。若夫建、劍、汀、邵之溪，合流至於洪塘，分為二江，南過石頭，納永福之溪，與賴溪出西峽。北過新步，亦分於二又合，而至於長隥，乃與西峽江合過石馬下洞，受長樂港與夐港，出閩安鎮而入海。東南彌望，浩蕩不可極，遠至於琉球之國，近而梅花、南交諸島，咸在五步之內。自永福、閩清、長樂以至於福清之境，歷歷可見焉。迴眺附城諸山，前者若迎，後者若隨，左右環輔森列，若大將之治旅，尊嚴閒暇，部伍整肅，秩然不亂。南州諸山，若鸞翔鶴翥，丘垤礧礧，若子之在枰耳。滄溟無波，上下同色，輕飈徐來，綠皺千里。潮落渚出，平沙衍迤，蒼鳶白鳥，共下齊起。日既暮，乃刊木為堂，束薪為門，薦席以莽，綴樹張幄，里人持雞黍來餉，亦共宿焉。中宵露冷，月色如午，罡風忽起，陰壑雷動，出而視之，立不能定。五鼓愈甚，眾相與促衾聯立，東望扶桑，以候朝旭。奔星矢馳，四面相射，有玄雲橫亘在海面，高四五丈，不得視其初出之景。須臾日上已高，山烟水霏蒼茫，遠近隱顯迭出，恍然如畫圖中，又一奇也。露晞下山，至寺已近午。出寺左遊靈源洞，石磴垂梯，兩崖崇墉，通以石梁，白雲亭其上坐稍久，洞谷生風，時來襲人。起觀蔡君謨書，有奇石立道側，若甲卒，號“將軍石”。於是履危棧，度石門，求晦翁題名、趙子直詩，抵天風海濤之亭極焉。孤撐巉嵒，憑欄欲墮，川分谷擘，江面如沼，險絕清曠，遂兼得之。盤桓至日晡，誦楊志行古篇，還宿法上人禪房。又明日，復登超凡閣，伯崇題詩閣上，觀王氏賜神晏書乃歸。

是遊也，比之常觀蓋不侔矣。夫升培塿者隘一方，陟岡阜者薄百里。是乃縱目力於霄漢，納溟渤於胸次，晦冥晝夜，收拾舉盡，豈非所處者益高，則所見益遠；所造者益深，則所獲益富。古人登東山而小魯，登泰山而小天下，愚雖不及，竊冥會之矣。嗟夫！山川萬古，世變無窮，景物雖同，人心異感，是遊豈徒登覽之娛，有以散其憂愁拂鬱之思，發其豪宕雄逸之氣，重其治亂興亡之感，而峴首之悲、牛山之念、仰止之慕，雖吾四人者，亦詎能盡同也。且是山昔人莫不登之，近百年來人跡罕到，自予始登，命樵夫為導，亦不知其路乃緣壑徑上，顛踣者屢而後得至其所，忽得舊路，循之而下，果達寺，蓋宋時所闢而僧除之。始絕頂皆短荊無林木，今可張幄矣。始寺外多數百年古樹，今但見新植矣。嚮余始登幾三十年，重來二十餘年，與伯弘來亦十五六年，今復得與諸君遊此而予髮種種矣，因刻銘山石而記其詳，約後遊復記之，較方來尚幾遊也。

遊鼓山記

明陳智（武昌人）

福建統八郡而福郡為腹心，環城四面巋然者皆山。惟石鼓崒嵂巍大為最，能藏蛟龍興雲雨，蓋郡中之望也。中有白雲湧泉禪剎在焉。永樂壬辰，余奉命來按是邦，聞有茲山之勝，距城不及三舍，然職在咨諏糾繩，不暇登覽，而心猶惓惓焉。

今歲甲午春正月三日，風日和煦，遂拉同寅李公偉平旦連騎出城東際，所過村墟，農務方殷，田原整整，野水泠泠，白鷺飛而黃牛健，耕者各執犁鋤，皆知力本，甚為之喜。已而帥閫都指揮王公觀、藩府左布政使麻公冕、右布政使鄒公昱、參議辛公彥博、楊公鼎憲、府僉事楊公、張公、馮公聞之，策馬偕來。日稍高至山下，寺僧五六輩出迎，入廨宇瀹茗焚香，頗有清致。出立萬年峯下，仰視鳥道嶃絕淩雲，苔蘚徑滑，馬難於行，命籃輿徐步而上，由荔林度東際橋里許，有亭曰“乘雲”，側泉一泓，甘寒可掬飲。又里許，亭曰“半山”，境勢豁然。由亭而上僅數百武，亭曰“圓通”。遂偕下輿少憩焉。亭外脩篁數百竿，色玉可愛。俯睇江流二道如組練，如白虹。由亭左登嶺，嶺勢益峭，有丹葩翠蓋，日射眩曜，玩之久而後去。又曲上一里許，曰松關，喬松夾道，儼若髯龍，天風時來，響音四起，如鸛鶴之呟，猩猿之嘯。廼促僕御亟度屺，表曰"全閩第一峯"，遂下峻坂，路始坦夷。從石門至鼓山迤邐達寺，主僧都綱了心悉率緇流，迓至堂撞鐘考鼓，聲震潮音。乃肅衣冠禮金仙，詢興聖、閩王二祠。登超凡閣，使人心神澄朗，萬有俱空，宛如入祇園雙樹雨花之界。日向午，由寺左旋入靈源洞，洞口狹小，中甚宏廓。遂陟白雲亭，觀喝水巖。至於湧泉觀陸公扃，盤桓佇立，摩挲崖石，閱古今名公鉅卿詩記。日向西，循仄徑搴蘿而上，至小頂峯，所登益高，所見益遠。東則大海迴接琉球，渺如一髮，烟濤雪浪，浩浩無垠，其間百恠千奇，不可殫極。西則郡城雉堞，麗譙公府與夫琳宮梵宇，金碧輝映，闤闠數百，鱗次高下，參錯於三山紫翠間，繁華佳麗，他郡罕儔。極目南北，則諸峯林立如綺繡，如芙蓉，如虎踞龍蟠，如鸞翔鳳翥，如牛馬疾驅，如矛戟森列，如大將尊嚴，如忠臣蹇諤，如仙侶飄飖，使人豪宕雄逸，飄然有出塵想。又由小頂而登大頂，從者盡疲。余與諸君長歌起舞，舉觴勸酬，爵無算。既醉，則剝苔讀碑，慷慨吊古，觀晦菴朱先生遺墨，因其墨，思其人，想其道學、文章、事業，是雖曾點童冠之風雩、右軍蘭亭之修禊，其樂無以加也。抑吾聞先正有言：君子後天下之樂而樂。方今聖皇奄有萬國，海宇雍熙，諸公膺藩屏耳目之寄，又能殫厥心力，奉宣德意，俾八郡黎元沐休嘉樂生業，天地無水旱凶荒之虞，比屋無札瘥疫癘之患，時和歲豐，少長嬉遨，而吾輩遂得以優游暇豫，登高覽勝，豈非所謂後天下之樂而樂者耶？且夫寫情狀境，渢渢乎鏗鏘之音，又於諸公佳什見之，予特書此以為記云。

大明永樂十二年歲在甲午首春三日，巡按福建監察御史，武昌陳智書。

遊鼓山記

王世懋（太倉人，福建參政）

鼓山東障大海，其高蔽虧日月，蓋福之鎮山也。由東門行至鼓山寺，可三十里而近。由寺登山至半山寺，可五里而遙。由半山登絕頂，數如之。

始余為督學使者時，左伯陶公景熙屢約為鼓山遊，弗果。已量移左參政，萬曆丙戌春正月來自莆中，右伯陳公玉叔以政暇倡為遊、憲副錢公恭卿、徐公克賢、僉憲劉公質之暨余實從曳之。閫帥盧、金、陳三君因請具酾糒以從，卜月之十有七日昧爽往。右伯未起，余整冠而待，門者報臬三公行矣。頃之右伯行，余踵而從。時天大淞霧，既行彌甚，田間幾不辨咫尺，無論鼓山所在。行久之，霏微中忽有山家，知招提近矣。更前見繚垣頗峻，山僧出迎，寺牓出焉。門徑幽窅，有泉如綠漿，石梁跨之，梵宇之後為方丈，甚宏敞，三帥席而待，入揖問臬三公所在，亟從之。僧寮花木頗深，三公遲余二人不至，方設象戲，余拉之出，就三帥飯，謀以軟輿登山。須臾霧屏，日荒荒白矣。山徑皆施石磴，諸軟輿魚麗而登。行里許，見巨石立道側，篆刻遊人名，紀年至正，蓋元人筆也。更一里，得一亭，輿人憩焉。側身回望，白雲都在下界，羣峯綿屬，各擁青螺髻，方山一臺，僅吐尺許，意象超忽，不似從人間行，茲山第一觀也。

山多石，面泉從半山墮，瀰漫瀉石間，作涓涓流，恨泉脉稍微，無廬山棲賢橋下聲矣。更上，一巨石若端冕而立，不知何人大書其上，曰“高山仰止”。越巨石行又二里許為廢亭，石碑猶立蔓草中。稍折而南，入一隘門，卑僅容輿，兩崖削立，為磴數十級而下，劃然中啓，靈源洞在焉。靈源洞者，四面皆石壁，中裂一澗，深可二丈許，其端有若洞者，故以洞名。澗上為石梁甚鉅，可席而坐。橋左築小庵兩楹於澗上，道者居之。三帥將以榼就庵而飲，湫不容膝，乃復出飲橋上。左右皆勒游人名字，多篆隸，古雅可愛。最前者宋嘉祐間知福州燕度偕其僚佐來遊，字作蔡端明體。最後者為我明屠尚書僑、張尚書時徹時為藩臬同遊，字殊不逮。最鉅者，澗下一石高正得二丈，鐫一“壽”字，搨工方施紙就搨焉。

澗形勢甚偉而酷恨無泉，山志云：“五代時僧神晏坐禪，惡水聲喧，叱之，遂西流，故又名喝水巖。”大為遊人減興，今安得復喝之來也？問泉所在，導者左折循崖而南，鑿為龍首，有泉吐焉。甃石為池，盎而不溢，伏流下墮草間。余愛其清駛，掬水而濯，徘徊間為右伯諸公促行。乃復從隘出，循大道而上，更歷廢亭，一山忽可田，見短垣中數樹桃花，人家歷落，問之，乃半山廢寺僧寮也。寺枕大頂峯下，聞甚宏麗，為野火所焚。門之外，故羅漢泉門址尚存，行數級輒得一遺址，如是者三四歷，而後為方丈。蓋煨燼之後，山僧結茅而廬，三帥復傾榼其地。錢、徐二公鋭欲陟山巔，而帥陳君復盛言望海可窮羅源、連江境，亟登輿，山僧、舁夫俱有難色。蓋自此上大頂峯皆仰面行，蒙茸間無復石磴矣。

至巔，多積石，其坳處碁累，似曾亭之，久為海風所敗矣。亟問僧：“晦翁先生所書天風海濤何在？”乃刻一臥石上，書楷而遒，稍不似平日書。因歎自有宇宙便有此山，而誇詡勝事，使人欣然願往，則以先生石間書。故士安可不自豎立？陳公稍倦登峯，坐石間遲諸公不至欲返，余固挽之小立，則諸公輿冉冉至矣。因復與窮四面之勝，其南則方山削成，平田盡見，伏而不敢稱賓。南臺、西峽二江，分流忽合，脉絡明甚，諸小浦紆回，儼若游螭注於大江。

西則南臺，石梁虹臥江上，歷歷若有人度。福州城垣，枕山如帶，芋源江右抱而來，無所不見。北指連岡，重疊漫衍，海波穿入其中，皆羅源、連江二縣境也。東望大海，兩江北匯，是名馬頭。稍北而諸溪盡化為鹹海矣。猶恨諸山包絡其外，未究大觀。惟正東日出處曠望無際，若紅霧數十里冪之，問僧，云是梅花所，所面大海。又云紅者是海中大沙，然不能盡解也。余與錢公立談久之，興盡而返。下至半山，陳公息僧房，羣公至，拉之出，浮數大白而行，日已西矣。於是纖雲不興，大江來蕩吾胸，浩然生白，而獨日出所射處，閃閃作紫金光，亦一奇也。入寺饗三帥，宴飲畢亟易輿行。日在崦嵫，十里暝色，城郭生烟。比入城，元宵燈火光熖乘矣。

大都茲山以峻名，以登眺勝。靈源而外奇麗無聞，而右伯及諸公猶以登頓為勞，眺覽亡奇為恨。第吾輩日坐堂皇理簿書，目境不四游，一旦以公暇聯鑣登高山，望大海，循覽名賢書蹟，俯仰今昔，亦足舒其逸矣，何必更希奇麗為觀耶？或曰登鼓山須秋氣清，小琉球隱隱可望云，以俟左伯景熙歸而語之。

遊鼓山記

林世吉（閩縣人，户部員外郎）

夫表晉安而號雄鉅者，非屴崱哉？紀靈真籙，應瑞星躔，拓地軸以南蟠，障狂瀾而東峙。干霞蔽日，聳萬仞之高標；削玉堆瓊，作七閩之重鎮。誠參霍童、武夷而挺秀，侔天門、日觀以稱尊者也。

不佞志切探奇，久寄賞心於鷲嶺；具懷濟勝，每圖騁目於鵬霄。茲偶以使事過家，幸多清暇，遂謀一往。於時序屬三秋，候當九月。風驚海鴈，拂紫塞以箏喧；霜醉江楓，炫金堤而錦爛。況喜松霖新霽，氣朗瑤穹；榆旭高懸，煙消丹徼。於是拉蓮侶，戒籃輿，同望東發。才出城闉而千峯之嵐翠已霏霏撲眉睫矣。越二十里，抵山下蘭若，徑道紆衍，松楸蓊薈，前度一石樑曰龍橋，相傳唐時有龍現，故名。橋下石泉粼粼，色碧綠如玉，兩苾蒭延入方丈，设伊蒲之供，遂托宿焉。昧爽出寺門，東折五十武，一亭巍然，俯跨絕澗，扁曰“東際”①，即取大頂路也。亭側古榕兩株，團團如蓋，廣蔭三十畝。樹多鼯鼠，五七成羣，聲嘖嘖擲葉間。每日光下澈，影布漂石，篩金蕩翠，掩映如畫，因坐亭上，低徊留之不能去。已乃魚貫盤旋而上，仰攀藤葛，競躡巑岏，或穿鬼穀以婆娑，或歷筠丘而躑躅。纔及翠微，俯視梵宇，白雲已覆之矣。又里許，過石門，抵半嵒，即所謂半院也。半院古極鉅麗，嘉靖間燼於野燒。撫龍宫之故址，訪鴈塔之遺蹤，蔓草荒烟，蕭然滿目，悒惋久之。左為靈源洞，洞石壁四削，中裂一澗如洞然。跨澗為蹴鼇橋，就橋少憩，覺俗慮都蠲，塵襟盡滌矣。橋上可列十胡床，傍多古篆刻，苍蘚斑駁不可讀。

復北折為湧泉亭，泉從龍口淙淙噴出，受以石池，味甘冽不減廬山康王谷第一泉。予跏趺磐石，令小沙彌挹半瓢酌焉，覺齒頰泠泠，弗啻嚼西王母嵰山甜雪，而涼沁心骨矣。予曰：“聞奇處尚在絕頂，古人所謂‘昏黑應須到上頭’者，諸君更能從不佞振衣乎？”以路嶇嶮，咸有懼色，不佞哂之，乃獨躡蠟屐，翼以雙童，同住持僧賈勇登焉。挹空翠於層巒，捫飛蘿於複磴，歷羊腸之骫骳，頓鶴轡於山椒，但見天風飄飄，萬里吹衣，恍若挾飛瓊，攜弄玉遨翔於九垓之上者。徐乃揚袂鳥背，盱衡霞表，見萬里凝青，眇如卷石，滄溟澹綠，僅若杯醪。且也白雲溟濛，亂霑巾舄，銀河錯落，例列星辰。嗟乎異哉！斯稱一大奇觀矣。

頂廣可坐三百人，其平如砥，其圓如鼓，此其所以名石鼓

① “東際”，黄任本作“通霄”。

乎[①]？令小蒼頭連舉大白浮之，逸興遄發，劃然長嘯，嵒谷響應，風霞亂墜。第不知孫登在蘇門作鸞鳳音時，亦有此異否？須臾，磬發蘇屠，鶴歸松塢，而萬籟聲逄逄起寥廓間，覺神愯毛竦，凜乎難留矣。乃振回策於雲阿，戀奇蹤於天路，逶迤歸寺而金烏已落落下虞淵矣。餘興未闌，復登柰苑後小閣，倚欄西睇，見夕霞輪菌，彩翠五色，宛如天台赤城，標又大叫，咤以為奇。出至方丈，時應具盤榼相啖，兕觥屢覆，玉山遽頹，纔投繩床而即栩栩化蝴蝶矣。夜半酒醒，見松影橫窓[②]，明月在几，益覺兩腋氣勃勃，遂奮筆吮墨，勒成短記，附以四韻，漫題嵒壁以貽山僧。敢曰開武庫於詞場，樹長城於秇苑哉！異日倘有懷鉛提槧而問方言者，聊藉以資攎摭博盧胡云爾。

歲在龍飛上章攝提格玄月，同游者陳時應名鳳鳴、潘源卿名漳、住持僧名玄深，而為記者閩中林世吉天廸甫也。

遊鼓山記

張蔚然（錢塘人，舉人）

閩友陳惟秦、徐興公雅與余稱烟霞交。興公一日授余《鼓山志[③]》，惟秦偕余遊之。按：鼓山為閩鎮雄甲，諸山能作雲雨，谷中聲蓬蓬若鼓。郭璞《遷城記》云："右旗左鼓，全閩二絕。"

山距榕城東南三十里，遊者可舟可輿，白雲廨院其麓也。度東際橋而上，長泉在左，髣髴瀑布。里許得乘雲亭故基，再里許

---

① "乎"後，黃任本有："旁為浴鳳池，僅一泓如牛蹄，湥中物瑩徹可鑒，雖旱不涸，中有魚兩角四足，時出沒焉。噫！豈其蛟螭蟠而待雲雨者耶？"

② "松影橫窓"四字，黃任本作"紫霧籠霄"。

③ "志"，原作"誌"。

為半山亭，再里許別徑右過，曰舍利窟[①]。山氓數家，負𡼖面江，藝茗為業，不減武陵之致。左過圓通庵是登山孔道，庵故頽廢，郡孝廉徐𤒹修葺之，遊者得以駐足。訪松關則已夭於斧斤，不論三圍、四圍矣。可二里，經湧泉廢寺之門，有石橋，羅漢泉穿其下。過橋百武，入圭竇則趾反，就卑累磴數十級得畸區焉。山壁合圍，崒嵂幽黝，四面峯石，片片天斵，如堵如屏，徧勒古今題詠紀識。宋居什七，晦翁、君謨、子直其著者。宛坐一室，其左右圖書與千秋名碩抵掌賡唱，亦大快事也。予所遊佳山水，詠識鐫刻之多，似無過此。矧閩饒名山，乏古蹟，玆豈其最勝耶？山圍中擘一枯澗，橫跨巨梁，梁畔小庵二楹，政凭澗。澗壁勒一大“壽”字，盈二丈，亦傳屬晦翁筆。是曰靈源洞，洞以澗枯故，則又名喝水巖。巖以五代時開山神晏故，則又名國師巖。相傳晏安禪澗竇中，厭水聲之嘈，用臨濟法，乃西枯東溢。王敬美惜之，謂“安得復喝之來”。予謂姑無論枯澗是晏喝否，第此際自勝，寧必藉水覓[②]？所謂東溢處，則循崖百武，有石龍噴泉注方池，伏流不溢。又東有兩石，陡插若門，是曰石門。窮於圮亭之址而返，復從洞出之。廢寺向揭湧泉，今呼半院，乃王審知剏供神晏者。問所聞、超凡閣、華嚴臺、玅峯樓、一多庵、痴坐軒、憨睡室、無盡門，悉燬於樵火，僅存敗屋數椽，二三老衲棲焉。顧甃基甚麗，應費金錢無算[③]。右上三里，登小頂峯，則西榕城，南南臺，西峽兩江合為馬頭如指掌。又里許登大頂峯，是為屴崱之巔，四顧無障，北萬山，東大海，

---

① “舍利窟”，黄任本作“[illegible]籬壑”。

② 黄任本有：“即聲即空，何西何東，喝去喝來，病一般耳。”疑為注。

③ 黄任本有：“大都淫穢篡弑之國，率佞佛以自解，如蕭梁於寶志，石趙於佛圖澄，姚秦於鳩摩羅什，天後於國安神秀，比比而是。”

靡所不覽。舊傳縹緲中青黛一點是小琉球云。爰觀晦翁所書“天風海濤”四大字，即趙子直詩“天風直送海濤來”，晦翁賞而題於屴崱之巔也。

予登以萬曆癸卯七月四日，蓋立秋三日矣。澮雲掩曝，微風送涼，山皎海明，躊躕滿志。俄而白雲東西撲湊，覿面無睹，衝雲飛度，如真仙行大空中。少頃，雨簌簌，風揭揭，谷中漸逢逢若鼓矣。予謂惟秦曰：“不憶與公語乎？登鼓山不可不至白雲洞，將遂已乎？白雲使者、風伯雨師其導我耶？”升筍輿執蓋而往，意忘疲頓，肌颼肺沁，興彌勃躍，從夷坪北折四里得鳳池。池可十畝，泉匯不涸，匪納他川，蓋天池也。昔見雙鳳來浴於此，故名。草庵蕭蕭，青蕪白鳥，悠然湛徹，高山得之，亦屬殊境。越數里，驟臨危徑，如履獅額之端，躡象鼻之上，頫盻無際，風茆撼搖，雨苔增滑，幾不能下。舍輿而徒，寸寸邅廻。如是里許，山峯倏變，惟秦驩謼曰：“洞至矣。”先至海音洞，洞若斗窩，亦堪避雨[①]。由海音折而降，始為白雲洞。洞深僅丈餘，橫逾五丈，禪室數楹，石天為蓋，雨絲紛垂，不到窓櫺，燎衣啜粥，擬止宿矣。俄而白雲東西撲散，刹那霽朗，山川草木，如經新沐，四野青黃，綺彩萬變，榕城烟火，邇偪眉睫，踞高臨深，恍坐十二樓中覷花錦世界。予突發蘇門之嘯，乘興臨絕壁而下，恠徑前迷，步輒疑阻，俯仰道塞。第見雄巒削嶂，鐵色千仞，亦有長泉，髣髴瀑布，沿泉築磯，緣壁剷坎。或施卷石，或樽小棧，鳥坂羊腸，曷喻嶮巇。詎獨動朱公之哭，抑亦興阮氏之悲。予與惟秦猿接舉趾，摩壁攀藤，凡歷天門者三天門，天然之門也。嵬石蔽覆，內通一線，幾斷復生，轉愕轉喜。如是十里而宿於白雲之下院，曰積翠窩，窩距城

① “雨”字後，黃任本有：“右一洞謬襲水簾號，無足觀者。”

亦二十里而近。詰旦，偕惟秦還。

蓋鼓山盤亘脩邈，舍利窟以南，劃於大江，而北際即積翠寓也。張子曰：余讀鼓山諸遊記，遠則吳海，近則王敬美差佳。海張幄屴崱之巔，以候扶桑之旭，洵豪於遊者。敬美謂靈源而外，奇麗無聞，自是信史。予猶惜其未窺鳳池，而白雲洞才開於萬曆丙戌間，幾與靈源伯仲。顧靈源可一覽而盡，而此則恠絕逶蛇不窮之趣，翻疑稍稍過之，則敬美所不及覯也。善哉乎！興公有言：登鼓山，不可不至白雲洞。然白雲之奇，不在洞而在徑。良然。

遊鼓山記

張宗道（福清縣人）

出東郊，諸峯環繞，望之屹然而獨尊者，鼓山也。山去城三十里而遙，詣山麓時，日崦嵫矣。乃扣田父問僧舍，而僧已飛錫入城，童子俛然出迎，引至堂之東偏，止余宿焉。供伊蒲之饌，焚都梁之香，鳴鼓敲鐘，鏗爾餘音。余迺詠少陵“欲覺聞晨鐘，令人發深省”之句。

旦日遊東際亭而上，南折五六里曰茶園，雞鳴於雲，犬吠於落。園依嵒而闢，廣可數畝。茶之勝可弟虎丘、天池，而其泉又不減中冷也。由園而東折，可五里路，高下凸崎不可躋，忽平岡紆曠，旋折而下石磴六十餘級，是為靈源洞。洞倚兩嵒而闢，下臨絕澗無水聲，水流至洞前不下，乃西往潛流，可半里出石壁間。相傳五代僧神晏所喝者即此。倚嵒有庵如斗，遂入少憩。僧進茗汁甚甘。既而緣嵒而行，危磴僅尺餘。右臨深澗不測，左仰絕壁，巋然刺天。壁多先賢題鐫，模糊不可讀。惟朱紫陽石刻，筆勢弘遠蒼勁，視之不啻高山之仰云。穿石門而登曰鳳尾亭，山之形如鳳故名。亭廢有碑，突然一平丘可方丈，近伏五虎，遠瞰三山，奇險不可名狀。

徘徊俯仰，使人忘歸，信哉！出洞而西可半里，曰湧泉寺。寺既燬，壞垣殘碣，依稀在焉。荒草蒙茸，飛禽來去，蓋不勝消歇之感。山僧僅結一茅，寥落不可與語。遂披蓁莽，陟危石，逶迤四五里至小頂峯。下視雙江如練，諸浦如帶，突者為坯為塿，蒼者為雲為樹，隱者伏者，微茫而顯晦者為城為郭，為海為嶠。又再而數十折，路愈險，小石稜稜，蔓草蓊翳，極力而登，紆徐至大頂峯，恍若脫塵氛而引膠葛，乘雲氣而排閶闔。二曜摩肩，四極效職，海市蜃樓，渼渼溟溟，蕩雲沃日，浮光躍金。向之所謂如練如帶者，突者蒼者，隱者伏者，微茫而顯晦者，又不足盡此也。於是憩磐石，摩舊刻，冥心息踵，天地為空。既而夕陽在西，雲英海氣，倏然變幻，萬籟爭號，調調刁刁，又非向之景光時也。乃尋歸路，下巉巖，越蓁棘，明星在天，涼月掛松，復抵喝水巖，蓋三宿不能去云。

茲游也，高曠稱屴崱為最，奇絕則莫若靈源洞。幽可居，奇可挹，流可漱，石可枕，而僧可語也。余自東際二十里，去峯頭，旁無從客，挾葛陂之杖，翛然獨往，探虎豹之穴，踐虬龍之宮，無怛容，無倦色①。低徊瞻眺，慷慨興懷，攬結山川之勝，斯遊其不虛哉！嗟夫！山靈長在，遊客幾更，昔賢壁上文章，半為塵土所蝕，而泡沫之軀且化為此間之雲氣矣。境遇何常，唯意所適，今日游而樂，是余之遭也，亦茲山之遭也，於是乎記。

---

① “余自東際二十里，去峯頭，旁無從客，挾葛陂之杖，翛然獨往，探虎豹之穴，覓虬龍之宮，無怛容，無倦色。”黄任本作：“余自東際二十里，去平頭，無從容，挾葛陂之杖，翛然獨往，探虎豹，覓蚪龍，山精水魅，磷火悲風，無怛容，無倦色。”

遊鼓山記

吴兆袞（閩縣人）

鼓山為福郡巨鎮，距城三十里，遊者踵相躡。余乏濟勝具，每恨未及一眺。今年秋八月，社友林雲夫謂：“登石鼓須氣清景明，乃可遠矚，今其時也。”余報：“可。”於是暨其兄砥夫、弟國夫，謀諸友人陳希曾、林用光，以十二日裹糧出郭。行不數里，田間暑氣如灼，乃間道往憩於田家，而日已中矣。呼僮作午炊。未幾，雨驟至，四望山川，若施玄帷。薄暮，雨稍息，乃抵龍橋。橋下泉水泠泠然，晚山青翠欲滴。由山門入廨院，香氣氤氳。入殿禮佛畢，循長廊二十武為法堂。堂後為方丈，壁間墨跡錯落如亂鴉。叩禪扉，問比丘僧不在，惟餘沙彌出肅客。是夕宿方丈，竟夕聞松濤天際來，鐘聲若聯若斷。

明早起視，山色尚溟濛欲雨。早炊後，雲氣漸收，曦光漸露，乃由東際亭逶迤而上，日光益晶熒，炤瀑布巖白於銀。解衣坐眺，眺而復行。歷半山亭、圓通庵，又里許聞木魚聲，隱隱從山坳中來，知去靈源不遠。尋其聲至，從石磴下數十級得石梁橫絕澗，澗水涸然，即所傳神晏禪師喝之去者，故又稱喝水巖。前督學王公敬美謂：“靈源第一奇觀，惜無潺湲聲，少減其趣。今安得復喝之來。”信然。澗傍結小庵二楹，俯視澗中，四周削壁如堵，篆刻殆徧，半蝕蒼蘚不可讀。路傍為忘歸石、國師巖、將軍石，種種屹立，不暇應接。稍折而左，有僧建一室，從山缺處遠瞰江流，風帆烟樹，盡在目中。傍為龍頭泉，日夜注不休，清泠可掬。問其源，云即所喝之水逆流於此，因思果如敬美所言，則亦尋常流耳，又安得如此靈異也。稍上，緣崖行有石，中分兩峙，謂之石門。其餘或踞或伏，皆有鐫識。不數武為鳳尾亭故址，有愚齋詩刻。

覽畢，復循故道緣石磴而上，右行數百武見風旛搖曳，樹罅禾黍中石址宛然，斷碣臥草，甃基狼藉，即古之湧泉寺燬於野火者也。彼豎旛者，特灰燼之後，稍置茅茨，燈傳如線者耳。追憶曩者黄金布地，龍象蹴踏，今且鞠為茂草，何況人世之朱甍碧瓦不轉在荊棘中也。歔欷良久，復抵靈源洞。嵐光既冥，山月未吐，張燈浮白，聲達嵓谷，酒酣月籠青靄，如隔琉璃屏。余與二三君起行橋上，俄而陰噎盡斂，燦然明鏡從樹間射地，白光如雪，徘徊嘯詠，因誦徐惟和孝廉“松際窺人”之句已，復偕往龍頭泉，聞水聲嘈嘈，如松風聒耳。憑欄縱目，則月映波光，烟籠平楚，真一幅摩詰圖也。山深籟靜，金風瑟瑟，掠人神骨俱竦，始各就寢。

曉起，從山僧覓大頂徑，乃從鳳尾亭往，路寖滑，山寖峻，卉木寖稀。仰面行可里許，氣色忡然。又里許，喘且不能接矣。匍匐蹭蹬，凡數憩而後陟其巔。南視澄若練者，白龍、馬瀆諸江也。敧若屣者，萬壽橋也。近西圜若腰帶則無諸城垣也。其東淼無涯際，若鎔金，若漾璧者為巨海。而其中微茫點綴，又若彈丸黑子，則琉球諸島也。還向視北來諸山，若蓮花、九峯之屬，礧礧相擁，總之如螺髻耳。方逡巡觀晦翁“天風海濤”字而雲從足下生，蓬蓬如絮。無何鴻濛四塞，咫尺莫辨，所云若練、若屣、若帶者，皆已渾乎不可復睹矣。始訝吾輩身已入雲中，心寒股栗，不堪久立，乃謀為白雲之行。希曾以足繭別先歸，諸君竟往。山徑甚狹，草長於人，數里許為鳳池。池當山之窪，有幽人結屋習靜於此，亟往憩焉。幽人出揖客，為道白雲嵲屼良苦狀，眾咋舌相視。復強起行數百武而路且窮，趂樵者所指點，陡峭逼仄，幾不容踵。其傍坑塹萬仞，深不可測，邅回懸崖間，雙眸凝視鼻端，不敢他矚。視稍遠，則眩而仆矣。攀枝拊崖相牽而下，若飲澗之猿。又數百武得一洞，小如壙，額曰“海音”，傍有穴窅然，莫知所止。或傳以為遠通於海。石林陰翳，都無赤日氣。一再轉為白雲洞，洞門內扃，剝琢無有應者，竟闌入焉。山僧既出，茶竈冷然。一石穹窿上覆，下結茅屋數楹，祀觀音大士，禪火黯如。石罅間水涓涓作玉乳色。俯視雙江虹臥，三山鼎峙，以至千檣攢澳，萬井浮烟，與大頂所見，目境又別。此中鬱蔥窈窱，似隔人世數界，何物老衲，卓錫於此，儘足了一生矣。呼酒飲數行以出，魚麗下山，徑數步一曲，凡幾折。忽當前有石磋砑塞路，若更無措步處。至則喟然有竅，可通出入。傴僂行其中，跫然有聲，不知五丁何年所劈而嵌空若此。如是者三，謂之三天門云。歷既盡，稍稍迤邐，而茂林修竹暎帶白雲為積翠庵。褰裳過淺溜，簌簌履籜中，入則庵門半掩，簷阿皆綠，風吹紅蓼，如數輩靚妝美人婆娑樹下。時日在崦嵫，諸君遊趣既闌，歸心頗亟。余謂此室淨如洗，筦簟皆涼，且今夕為中秋之十四，有此山月，不一夕留，不大負此清光哉？砥夫以事竟歸，余與雲夫伯仲并用光留焉。既而月已冉冉東上，猶蔽高叢，乍侵屋角，乃持短檠入僧寮，刻燭為韻。燭跋韻稍就，起視月色，寖寖下廊廡矣。於是啓楗出庵，則樹影淋漓滿身，風遞泉聲，似奏琴韻。四顧青山，皆作玉芙蓉，參差現鏡中。回視院宇，又如璇題銀戺，恍在水晶宮裡行也。盤桓久，露濕單絞衣，不寒而慄，始建扉就寢。質明盥櫛後，各書所得句，互相彈射。隨倒尊罍，轟飲畢，指郡城而歸。回睇屴崱高峯，邈然天際，靈源、白雲諸勝，皆已杳若夢境矣。

遊凡四日，得詩若干首。吳兆袞曰：夫遊亦難言矣。何地無山？何山無勝？其得長無事以嘯傲其間者有幾？即余所連袂而出者，六人已參差不齊。若是，乃知天下事多類此。何必役役焉，以有盡之身，虛擲蟾烏於壒塵間也。顧鼓山之遊夥矣，記鼓山之遊者亦夥。山閲人而不改，人閲山而遞換，人之不能與山競久矣。但人雖不能與山競，山必因人言而後重。今言出於郭落之吳生，其足重也夫，其不足重也夫，吾以問之山靈。

萬曆閹茂仲秋望後記。

鼓山志卷六終

鼓山志卷七

住山釋元賢纂修

藝文志三

疏啓

禱雨疏

宋真德秀（浦城人，知福州）

具位真某謹率寮屬，以清酌之奠，昭告於石鼓神之祠：廼者季春以來，雨弗時，若幾於靡神不舉，謹按圖志，石鼓神之祠，靈應彰灼，屬兹旱暵，宜控忱請。某以城鑰之守，弗克躬造，而命官往焉。謹拜於庭，遙致悃愊。伏願：油然而雲興，霈然而雨注，以震耀爾神之威靈，俾歲有秋，而人弗告病。則某之所以圖報者，其曷敢忘。謹告。

請用明和尚住鼓山疏

元釋大訢（號咲隱）

巖頭在鄂，嗣德山不肯德山；雪峰歸閩，出鳶嶺復入鳶嶺。道既行於鄉里，跡未泯於江湖。孰謂斯時，乃逢作者。某辭傾三峽，氣吞諸方。潛子上書萬言，心存大法；善財歷城百所，學無常師。

久聞持斧住山，猶自領徒行腳。機緣再舉，聖箭射入重城；山水昔遊，輕車駕就熟路。豈無望塵下拜，亦有負弩前驅。乘天風，觀海濤，一何壯也；布慈雲，洒甘露，衆所望焉。勿以遐陬，遂疏義友。

鼓山寺施茶疏

明徐㮚（峭閩縣人，知縣）

竊以隨緣應物，無非回向菩提；指事傳心，總是行深般若。欲破人間之大夢，須憑劫外之先春。伏惟鼓山某禪師，竇集正宗，轉輪真子。學冠於竺乾華夏，智本圓通；神游於教海義天，理無罣礙。咲辟支獨醒於一己，擬菩薩普窹於群生。借水澄心，即茶演法。滌隨眠於九結，破昏滯於十纏。於是待蟄雷於鹿苑野中，聲消北苑；采靈芽於鷲峯頂上，氣靡蒙山。依馬鳴、龍樹製造之方，得地藏、清涼烹煎之旨。焙之以三昧火，碾之以無礙輪，煮之以方便鐺，貯之以甘露碗。玉雪飛時，香遍閻浮國土；白雲生處，光搖紫極樓臺。非關陸羽之家風，壓倒趙州之手段。以故居人共啜，過客爭嘗。使業障、報障、煩惱障，即日消除；資戒心、定心、智慧心，一時洒落。今者法筵大啟，海衆齊臻。法是茶，茶是法，盡十方世界是個真心；醒即夢，夢即醒，轉八識衆生即成正覺。如斯煎點，利益何窮？更欲稱揚，聽末後句：龍團施滿恒沙界，永祝龍圖億萬春。

請無異大師開堂疏

釋明超（號越山，閩縣人）

閩川法運將新，師承有待；鼓嶺宗風雖替，佛窟長存。道必人弘，珠隨方現。恭惟博山無異大師，大和尚古佛再生，今時落盡。秉壽昌之劍，播曹洞之風。棘栗蓬，任氣急於喉嚨；冬瓜印，不浪施於面孔。盲棒狂喝，一時潛蹤。簇錦攢花，末由吐氣。繭足走千山之衲，象踏截眾潰之瀾。光已放於閩南，跡猶慳於江右。顧茲鼓山片石，興聖遺基，喝水之聲常傳，搴旗之略未墜。悲祝融煽虐，七十載如星及晨；仰妙喜入閩，五十朝如茅斯拔。儀等瞻風有日，誦語如雷。遣專使以陳詞，先四眾而請命。伏惟降神足於龍蟒雜居之所，設大冶於頑金跳躍之林。石鼓當軒，直令眾山皆響；通霄有路，咸期聖箭飛來。儀等不勝顒望悲仰之至。

請永覺和尚住鼓山疏

楊瞿崍（晉江人）

石鼓巃嵸，首作閩邦之巨鎮；花宮窈窕，長為禪學之稠林。嗟宗風偶替於先年，幸舊案重拈於此日。機從天啟，道待人弘。恭惟永覺大宗師，慧雲含潤，杲日當空。係出西山，家富七賢之學；英蜚藝圃，筆生五色之花。忽厭筌罤，思窮神奧。偶觸機於南泉刀下，遂歸心於黎水橋邊。擺手出壽昌，奪來不傳之印；臥舟過劍水，抛卻久蘊之珍。洞上宗風，宜復起於茲日；南來道脉，信獨荷於一人。不沛屯膏，曷濡渴望。時虛鼓山之席，仰借荷嶺之輝。伏惟寶杖垂光，法幢移彩。擒毒龍於巨海，全露爪牙；射聖箭於重城，儘教圍繞。庶人天於焉胥慶，山海頓爾增榮。崍等臨楮，不勝顒望馳神之至。

鑄法華鐘疏

釋元賢（住持本山）

眾生碍於形，局於方，分寸成隔而不能通。其能通者，唯聲與聞也。是知聲之所暨最廣，而聞之所迨最神。凡寓內齊眾之法[1]，醒眾之方，捨聲聞無能及者。今上自朝廷，下及僧舍，凡警晨昏，齊進止，必有藉於鐘。豈非鐘以聲聞為用，乃處眾者所必資乎。至於釋典所載，冥途聞鐘聲而苦具為之頓息，關內聞鐘聲而髑髏為之頓碎。則其用益神矣。

鼓山湧泉寺闢草重創，能始曹公首建大殿、齋堂，得山林公乃於大殿之前建鐘鼓二樓。及方伯申公來遊茲山，遂捐俸金，命範法華銅鐘，由是寺乃遣僧行乞，翼成勝事。夫以《法華》而入鐘聲，以鐘聲而宣《法華》，俾人人一著耳孔，即領全經，無勞濡滯草庵而頓獲家藏，不庸走出火宅而穩駕白牛。其為福田利益，為何如也？抑聞之，鐘之為器也，必三合而後成聲，必五合而後成聞。夫聲必假於三合，則聲而非聲矣。聞必假於五合，則聞而非聞矣。聲而非聲，則非聲之聲逼塞虛空矣。聞而非聞，則非聞之聞周遍法界矣。從茲悟入，鼓山鐘早鑄成了也。如其未然，且待一火功成之後，自有大口阿師，普為一切人說破在。

塔銘

故唐慧悟大禪師塔銘

宋徐鉉

士有佩服聖道，闡揚師訓。進不累於軒冕，退不滯於丘樊。務勤身以濟眾，不養高以絕俗。其惟仁人矣。大禪師名冲煦，字大明，姓和氏。昔者帝堯光宅天下，厥祖世掌天官，保姓受氏，冠冕百代。在漢則調鼎之重，在晉則專車之賢。末葉湮沈，徙居固始。父從郡豪王氏，南據閩中，今為晉安人也。大禪師生稟異氣，幼挺玄機。生十有五，詣鼓山興聖國師出家。既具戒品，博覽經

① “寓”，黄任本作“宇”。

史，雅好文詞。郡多俊秀，咸見推仰。證無為之理，演不言之教。綽為先達，端然玅門，出世城北之昇山。於時王氏衰淪，亂臣專恣，淫刑飛語，虐及善人。師杖策去之，適臨川郡。中書令宋公齊丘作鎮南楚，頗尚空玄，聞師之來，遠加延納。言意不合，拂衣而行，下至池陽。郡守王公繼勳，鄉國之舊，賓禮甚渥。時季唐二葉，像教方興，嗣君聞其名，召與之語，移晷而罷，眷矚殊優，命居光睦禪院。復遷長慶道場，俾與儲貳遊處，實羽翼也。後主即位，恩旨加隆，特賜“法智禪師”之號。廬山開先禪院，昔嗣君所創，真容在焉，命師居之，精嚴修奉之儀，以申罔極之感。居數年，召還建康，止報恩禪院[①]，加號“慧悟大禪師”，名其所居曰“智度堂”。精廬櫛比，選勝而處，禮秩之數，有逾於前。出則居奉先道場，入則居淨德內寺。開寶七載夏六月，寢疾旬餘，乃集大眾，與論生死之理。十九日清旦，上疏告辭。後主遣使問之，至則化矣。享年五十有九，法臘四十有四。即其月二十五日，從西域之禮收靈骨，葬於鍾山之陽。禮物官給，中使監護。至某年月日，弟子省才遷於廬山某所，遵理命也。師風骨秀整，機神穎悟，博該眾藝，綜以玄理。王公大人，咸所欽尚。鉉非學釋氏者，不能言其道業，徒以傾蓋之分，久要不忘。今京師復與，才公胥會，才公以文藝精敏見重於時，永惟嚴師之義，願刊不朽之跡，嘉其偉志，為作斯銘。銘曰：

慧悟禪師，釋雄之奇。有文飾己，有道應時。
生延世寵，沒有遺思。歸舟翩翩，九江之湄。
廬峯勝境，蓮社餘基。門人稟訓，遷神於茲。

---

① “止”，底本作“正”，據黃任本改。

哀公懷舊，勒銘志之。蘭菊無絕，高深與期。[①]

鼓山愚谷佛慧禪師塔銘

林希逸（福清人，簽書判官）

愚谷名元智，枯禪法子，密庵二世孫也。枯禪道眼高，師初從枯禪於鳳山，叩請甚勤，禪已奇之。去而游方，謁浙翁琰於雙徑。謁少林崧於北山，留掌記，有聲少林。移徑山，枯禪嗣席，師喜曰："青鳳山前事未竟[②]，今竟矣。"禪至，仍掌記。俄而機契，萬境如如。禪移天童，甫至而寂。師往奠，有偈甚悲。其詞曰"擬擘春雲作楮錢"，傳徧諸方，曰："石屏風又題破矣。"歸留南北頗久，妙峯、石田皆以座元挽之。石田病，貴璫當至，俾師領客。璫有數問，師與語，要而明。璫密以聞，名徹中禁。其人約師一見，師力辭之，一眾驚服。嘉熙己亥，出住吳門薦福，移翠峯，又移毘陵、芙蓉，道價日隆，辭歸靈隱。寶祐某年，泉守以法石致。三夏，遷西禪。寺久廢，師興之，增築二莊海田，曰福清大寧、長樂大澤。居六年，俄退席。踰歲，帥閫竹居王君移處艻崱。甫一夏，以病告退老東庵。咸淳丙寅正月十七日，趺坐書偈而化，壽七十一，臘五十八，塔於鼓山南院。

師姓薛氏，世為長溪儒家，廉村薛補闕之後。年十四，治書筆穎出，非其所好。出家邑之清潭。二十受具，道貌充然，識踐兼美，渟涵愈富，退斂若虛，和而有容，犯而不校。其所造詣，未易涯涘。余初得師於冷泉余老溪上，師自法石北來，一見良喜，自此書問不絕。師素寡言，每見默然，以意相怡悅。余多方外交，

---

① "期"，黄任本作"斯"。

② "前"，黄任本作"而"。

師尤質重者也。師沒三載，其門人九峯某謁銘於我，語愴然曰："吾無以報吾師。師不得銘，吾弗子也。"余知師之賢而多某之義，遂為之銘，曰：

欿然而虛，雖有若無，是曰愚。淡然而足，雖下不辱，是曰谷。有岃其崇，有崒其封。我志此翁。

鼓山無異大師衣鉢塔銘有序

釋元賢

博山無異大禪師既遷化，弟子智闇輩奉全身塔於本山棲鳳嶺之陽，吳宮諭應賓已為大書特書銘之。而弟子之居閩中鼓山者，以師實開化鼓山，厥功靡眇，特請衣鉢，擬建塔以寄永思，力弗克就。今春，賢自浙歸閩，眾復請住鼓山，乃率眾建塔，藏衣鉢於鉢盂峯之前。去師遷化，則十有二年也。眾謂："塔不可以不銘。"復請於賢。賢於師為法門昆季，而實稟具於師。且相依三載，屢嘗法味，有師資之義，不可忘也。但自師既沒，虛空中忽見坑塹，未得焚片香於棲鳳，實賢隱痛而不能言者。嗚呼！銘師之塔，乃在今日也耶。

據《狀》，師諱大艤，一諱元來，學者稱無異和尚。龍舒沙氏子。年十六，有出世志。逸遊金陵，過瓦棺寺，聞雪浪師講《法華》，喟然嘆曰："是法非思量分別所能解，習講何為。"遂棄去，遇五臺靜庵通和尚，乞為薙落。通詔習空觀。每觀心露地，身土湛如，如是者五年。別通，往參無明老人於寶方。及見，以為一簑笠翁爾。乃入閩，止光澤之白雲峯，仍以空觀為事。

一日，因寶方印宗上座到，勉以參究，因舉船子藏身話，忽疑情頓發，凡五旬有半。於趙州有佛無佛處，如釋重負。遂作《心經指南》寄寶方。方立焚之，復書云："直待飲光破顏，別出相見。”而印宗亦勉以偈，有“低頭始見月孤明”之句。師猶自負所見，以為老人或不我知也。乃趣寶方，盡呈伎倆，曾不得其一領。居再閱月，形色枯瘁，望之似木雞矣。

一日，從赴玉山途中，揚扢洞上宗旨，時得印可。忽問：“佛印云：蟻子解尋腥處走，蒼蠅偏向臭邊飛。是君耶，是臣耶？”師曰：“臣邊事。”方呵曰：“大有人笑汝在。”師曰：“前何以是，今何以非？”方曰：“此一非，一切非矣。”既達，避人端居，頃間聞護法神倒地，不覺心開。呈偈曰：“玉山誘一言，心灰語路絕。幾多玄解會，如沸湯澆雪。沒巴鼻金針，好因緣時節。梅蘂綻枯枝，桃花開九月。觸目如，休辨別，急水灘頭抛探篙，溺殺無限英雄客。”方曰：“一到多門又到門。”

後別居宗乘堂三載。一日，覩登樹人，始徹源底。趨謁寶方，入門便拜。方問：“近日事何如？”師曰：“有箇活路，不許人知。”方曰：“因甚不許人知？”師曰：“不知不知。”方舉婆子燒庵話詰師，師曰：“黃金增色耳。”復舉玄則龍吟霧起公案，命師頌，師援筆立就，曰：“殺活爭雄各有奇，模糊肉眼豈能知。吐光不遂時流意，依舊春風逐馬蹄。”方咲曰：“子今日方知吾不汝欺也。”師自是佩離文字印，入正徧知海。香幢刹土，湧沒毫端。多聞總持，得大無畏。正偏妙挾，圓頓雙銷。不知五位之為三玄，六相之非三墮矣。方乃命首眾。

萬曆壬寅夏，往信州鵝湖圓戒，鵝湖亦以元座屬焉。是冬，隱靜於豐邑之博山，凡三閱寒暑。邑劉孝廉崇慶、鄭節推維城、楊別駕時芳，請師住博山能仁禪寺。雖草昧乎禪律威儀，居然三代禮樂。戊申年，無明老人開法於閩中董巖，乃召師分座說法。師不得已，勉為一眾舉似家珍，而博山宗風，遂震天下。故六和麇至，四事雲臻。久之金碧熒煌，園林葱菁。而據燈王師子，稱八百人善知識矣。

閩中鼓山，大仰諸剎，亦屢請結制，頻垂鞭影。時宇內名流，載自綸扉圭弁，洎乎墨綬銅符，西向而咨，北面而禮者，多至不可殫述。崇禎己巳，金陵余開府大成，仝文學陳丹衷，聞所聞而至，見所見而慕，乃謀諸縉紳，邀請竪法幢於天界。魏國徐公首先歸依，由是狂奔暱就，號為四輩弟子者，指以萬億計。師圓音曲唱，無不人人各欣所得。

及歸輙營窣堵，經始子來，忽命簡錄方丈，若遠行者之戒處守。未幾，而大悲之疾示矣。延及經旬，師曰："會當行矣。"遂有遺訓。漏當子夜，坐脫翛然，時崇禎庚午季秋十有八日也。却顧來時，萬曆乙亥仲冬念有九日。僧臘四十有一，世壽五十有六。踰年辛未孟冬念有一日，奉全身塔於寺之西棲鳳嶺之陽，師所筮也。

師慈容滿淨，道骨堅凝。眉采燁然，春秋在額。法筵清眾，不肅而嚴。刈麥負薪，無不人人委蛇詳序，若有深湛之思者。為法求人，婆心徹困。而高提祖印，把斷要津，相似悟頭推入活埋坑裏，痛與鉗鎚。故三十年中，不少當機，罕聞付法，終不以如來慧命，博禪雛手中瓣香矣。有所請益，唯勉以真參實究，深戒知解，如鴆毒焉。其說法之語，如雷震如電激，如雲蒸如瓶瀉，如海若瀰漫，莫可涯涘。三百年來，實鮮匹其休者。當此魔羅競起之日，瓜印之徒，塵沙蔽日。使無有力抗之者，將大地僧伽，盡化為波旬孽子。而師獨能唱道於晦冥否塞之秋，有若還魯陽之三舍焉。其衛道之功，豈在禹下哉。

所手著，有《禪警語》《拈古》《頌古》《淨土詩》《宗教荅響》《宗教通說》，凡十餘卷。語錄，則《信地說》《回源錄》《錫類法檀》《歸正錄》《剩錄》，凡二十餘卷，竝行於世。銘曰：

寶鏡三昧，霧隱塵蒙。壽昌崛起，如日湧東。吾師繼之，厥化彌隆。圓照無外，赫赫日中。雲包雨笠，萬派朝宗。公孤以降，靡不景從。揀魔辨異，祛惑破夢。唯師一人，壯哉釋雄。屴崱岧嶤，勢壓羣峯。衣鉢斯藏，高入穹窿。說法音聲，海濤天風。千載之下，式此遺封。

永覺老人壽塔銘

甲申之春，烏程陳白庵太守以余老且病，為營壽藏於湧泉寺之西畬，繼以世難阻，弗克成。迨辛卯冬，功始竣。而余老病益甚，因思壙中片石，後人必欲邀榮光於峻秩，假藻繪於鴻章，是重余之僁也。然考古諸師有自狀其行者，有自銘其塔者，世所共傳，不以為非，乃效顰而為之。

余名元賢，字永覺，建州建陽蔡氏子。稟性枯淡，不樂世氛，又才實遲鈍，不善趨時。故雖習儒業為邑諸生，而每懷出世之志。至年四十，始棄妻子，往建昌壽昌寺禮無明和尚落髮。未幾，謬承心印。及和尚遷化，往依博山三載。又歸閩，隱山一十二年，灰頭土面，擬與草木同朽。一日，因謁聞谷大師，力勉其出世，遂推主福之鼓山，因以大戒付之，時年已五十有七矣。繼而歷主泉之開元、杭之真寂、劍之寶善。後復歸鼓山，迺重創梵宇。諸所撰述並語錄凡二十種，計一百餘卷，並不藏醜拙，恣世指摘。

嗚呼！生平履歷，渾如昨夢。一場敗闕，難免高鑒。其入道為最鈍，其出世為最遲，其應世為最拙，又不能廣羅英衲，以張大其門庭。較之諸方，若跛鼈之望飛龍，何足道哉！

今年已七十有五，不久將化為異物，故預為此壙以待，亦預為之銘。其銘曰：

是誰骷髏，建茲窣堵。壽昌之兒，石鼓之主。不通世情，一味莽鹵。志大言大，眼空佛祖。據興聖座，呵今罵古。役鬼驅風，重建茲宇。撇下皮囊，掩藏荒塢。莫道無口，有聲如虎。生耶死耶？請繹斯語。廣告來者，誰繼吾武。

賦

九日遊鼓山賦

謝肇淛

伊白藏之代季，儵逸駭其無射。飇金風而盪氛，廓紫冥於凝碧。菊靃靡以吐黃，露瀼霩而橫白。羌令節曰重陽，脩舊事而崇陟。卸金鎖之采旂，擊水裔之寒日。脩梁宛虹而亘天，比篠蓊薆而留月。濛汜涌波，沃流𡂿楫。雞咿喔而潮平，矗前峯其如戟。崔嵬南紀，是為岃崱。

於是謝砅崖，穿石齒，披欞槮，盤摧崣。埜莽簑簑而彌崗，山鶯鷊鷊而爰止。瀑瀺灂以走夷，破綿巒而失紫。疊石巉嶮，棧蹬迤邐。崇峯隱天，白雲下視。左折右紆，十步九喘。斬弱蔆之黝靀，褰葳莎之麓薿。飛猵憑木而陸梁，伏虦吼風而趫起。洞窈窱以吐煙，梯蹟礰而欹軌。禪牖石樞，紫壇金字。翠壁蒼苔，遊人名氏。伊昔神僧於茲喝水，若乃仄徑嶔巇，連嶙起伏。箮棘鉤衣，硱磳刺足。蘭若焜熴，科斗斷續。魈夔宵號，野燐書煜。竇薈蔚以埋基，泉潺湲而鳴谷。弔往蹟其誰訊，臨長風而彳亍。已乃攀篻，簩騰岑嶺。排雲門，跨窮壙。逼天闕之歙赩，俯長江之瀴滓。疊厜㕒以旁羅，若兒孫之晨省。靈海滃濛而盪雲，崇島微滅於黿黽。文鰩神鼉，鼁黿蚊蜃。吐霧孕霞，嘘氳幻景。髦鬣琉球，赤髮獰獷。㴶茫波心，彈丸黑影。瞰冶城之丹樓，恍首山之一鼎。鶡鶩甄甄而在下，溟颹飂而骨冷。羌紫宮之䨴䨺，駭靈濤之濘澒。於是據青冥，聘游躅，進瓊蘇，薦芍藥。浮醇醰以戒寒，傳縹醪於匏爵；

碎碧藕而分漿，捻紫萸之湛酥。炊雕胡而羹葵簪，藟綬以為菊；紛醒酪以遏墜魂，窈操扤而氣促。感紗賞之不辰，駐遐心於良覿。結仙豫以淫遊，悲舊蹤於金谷。哀萍世之須臾，涕浪浪而復續。迓長嘯於峯頭，意遠托乎丘壑。亂曰：

穹窣庨窌水淜滮兮，古洞谽谺莽霿飀兮，流攬酣酺聊浮游兮，倏然九垓凌驚飈兮，玄羅駐髪我將焉求兮。

鼓山賦

徐𤊹

擊石鼓之崔嵬，作海邦之巨鎮。週廻百里，壁立萬仞。竝華頂之穹窿，齊高山之極峻。下臨滄海，遠望扶桑。遐哉渺渺，鬱乎蒼蒼。眄瀛涯而浩蕩，眺島嶼之微茫。盱琉球之國而隱見，矚天吳之首以昂驤。隘羣峯於下界，空萬頃於八荒。觀曜靈於昧谷，接曦馭於東陽。若乃峆岈窅窱，岩崿幽邃，萃川岳之鬱葱，鍾巖壑之靈秘。寒雲際曉而鎖青，古木當春而積翠。洞門峭蒨，蹬道岧嶤。石封苔而稜漸損，藤抱樹而葉微凋。亭跨丹鳳之尾，橋蹴巨鼇之腰。國師洞傍掇乳之痕尚在，喝水巖下瀉玉之韻全消。甘露松婆娑，鐵壁金鷄石，聳拔雲霄。況有異草奇花，珍禽恠獸，妖豔蒙茸，高飛遠走。點綴於疊嶂嵁巖，吟嘯於窮崖深岫。偶尋別徑，忽見人家。倚懸巖而架屋，闢山圃而種茶。鋤去迷蹤之蔓草，採來未雨之靈芽。笑北苑龍團之莫匹，渺陽羨紫笋之難誇。

至於兩山廻蟠，一谷幽邃，靈水澄源，甘泉湧地，是為興聖戰場，亦號湧泉禪寺。開山則雪峯聖箭，創寺則金輪貴裔。標佛土之莊嚴，表花宮而壯麗。金池寶楯，紺殿珠林。臺鋪碧瓦，地布黃金。馴鴿紛飛，高現半空之影；頻伽解語，遠送靜夜之音。慧燈聯而昏衢破暗，法雨潤而枯木頓萌。

夫何陵谷之變遷，豈勝興衰之感怨？樵火夜遺，琳宫瓦礫。法殿蓁蕪，禪房荊棘。風吹芳草兮芊綿，水漾寒花兮寂歷。山魈哭雨以啼霜，遊客撫今而追昔。登臨自美，感慨何勞。今古曾不能半瞬，華岱直等於鴻毛。半山之涕徒揮，叔子之情未豪。孰若任雲山之渺渺，空塵海之滔滔。優哉遊哉，以翔以翱。此乃達人之雅況，亦為吾徒之高標。

鼓山志卷七終

鼓山志卷八

住山釋元賢纂修

藝文志四

銘

鼓山銘

宋陳烈（閩縣人）

鼓屴崱，頂峰特。窮島夷，瀕封域。屏閩東，拱辰北。歲辛亥，帝司赤。竦紳烈，從陗陟。搴若華，揖瑶極。呵蜚霆，蹴鼇脊。披霄垠[①]，殫目力。高者仰，深必惕。謹其至，惟古則。（熙寧四年，丁竦、沈紳、陳烈同遊，刻銘大頂。）

鐘銘

枯禪鏡（本山住持）

維圓維密，爰寂爰虚。吟風敲月，白雲之區。
感之必應，動而自如。吼破幻夢，同歸覺途。

① “垠”，底本作“根”，據黄任本改。

四言古詩

屴崱峯擬古四章

明曹學佺（侯官人，参政①）

屴崱之上，滄海在東。眼曠物小，所處不同。日出月沒，天宇金銀。洪波變幻，倏昏與晨。不覩山樹，以表疆域。樂哉乘槎，泛泛奚息？幸甚至哉，歌以詠志。（右《海在東》。）

人來者稀，徑生蔓草。鹿觸於嵓，兔走於道。天陰風生，逢逢鼓聲。誰其聽者？山中之人。我欲露處，物匪為害。仰首高臥，以承沆瀣。幸甚至哉，歌以詠志。（右《來者稀》。）

羣山疊來，以水辨之。白沙淼淼，青草逶迤。巉巖五虎，向亦稱雄。至今屏伏，不敢渡江。滔滔眾流，會於馬瀆。馬如不見，浪高於屋。幸甚至哉，歌以詠志。（右《山疊來》。）

無諸不存，猶有故城。誰能一日，其民斷爭。以蜃為宮，不可久處。以鼉為梁，崩將及汝。海上安期，子之所師。服食上升，飄颻九垓。幸甚至哉，歌以詠志。（右《有故城》。）

初夏登鼓山四首

吴汝紀（上元人，福建理問）

春融時煦，結軫維寅。陟彼岩䡾，披雲拂蓁。飛英薦醑，相忘主賓。寂閬靈源，巖花笑迎。

蹔拂塵網，薄言時遊。褰裳東谷，探奇討幽。峭壁若削，洞古雲留。遐想先軌，睠兹湧流。

淑氣敷暢，萬谷齊榮。欣維閩甸，絪緼先鍾。條風初屬，夭

① “参政”，黄任本作“尚書”。

桃競紅。散懷絕壑，寄傲幽踪。

勝景不易，良辰莫留。適意即歡，終朝九秋。忘歸有石，紫煙促騶。倏違林莽，回眺延眸。

五言古詩

靈源洞

五代釋神晏（國師）

何事最堪依？巖中獨坐時。路險人難到，巒高鳥不飛。白雲常滿洞，論刼未曾虧。不話曹溪旨，焉干道者機？

鼓山

宋蔡襄（仙遊人，知福州）

郡樓瞻東方，嵐光瑩人目。乘舟逐早潮，十里登南麓。雲深翳前路，樹暗迷幽谷。朝雞亂木魚，晏日明金屋。靈泉注石竇，清吹出篁竹。飛毫劃峭壁，勢力忽驚觸。捫蘿躋上峯，太空延眺矚。孤青浮海山，長白挂天瀑。況逢肥遯人，素尙自幽獨。西景復向城，淹留未云足。

冬日觀鼓山新閣

李綱

尋盟訪鼓山，風物宛如昨。山中有開士，彈指成傑閣。應真飛錫來，一一有所托。翬飛騫棟甍，絢爛麗丹雘。峨峨大頂峯，孤影入簷角。乃知象教力，建立必卓犖。卻為靈源游，雲木互參錯。巖深松桂香，石鼓苔蘚剝。冬溫日清美，景短氣蕭索。天然資野逸，安用遮翠幕。快哉緬登臨，及此小摇落。乘高望瀛海，南极露垠堮。蓬壺在跬步，誰謂仙山邈。蒼茫杳靄中，萬象恣磅礴。廻頭睇中原，羣國半沙漠。犬羊污宫殿，虵豕穴城郭。疇能挽天河，一洗氛祲惡。我生多艱虞，久矣衰病作。君恩聽言歸，養拙侶猿鶴。忽忽歲遒盡，平子殊不樂。幸同二三子，杖屨徧丘壑。躋攀力尚強，談笑心無怍。野鹿飽豐草，冥鴻在寥廓。翻思軒冕間，何異遭束縛。斯游信清絕，玅賞寄寂寞。晚來淒以風，遠色秀增岳。泠泠鐘磬聲，隨月度林薄。愀然感時心，未免如隕籜。倘能駕雲蝸，豈復憂世瘼。會當期若士，相與踞龜殼。

諸季邀德久申伯同遊鼓山靈源洞，僕以病不果往，賦詩見志

靈源韞秀異，傑出閩粵間。神功謝鐫鑿，玅境森回環。曲磴下窈窕，高巖上孱顔。松蘿互陰翳，正暑生清寒。路轉人寂寂，泉飛澗潺潺。乘高望雲海，天末波濤翻。偉哉宇宙中，有此氣象寬。諸子雅好遊，蠟屐屢山樊。佳客來自遠，復共一日歡。而我抱衰疾，屏居方杜關。豈不樂山水，宴坐心不闌。神遊八極表，寓目無毛蠻。塊視眾嶽小，杯看五湖慳。矧茲几案物，安用勞躋攀？登覽務得雋，無乃見一斑。作詩調諸子，醉語不可删。秋風動林壑，涷雨洗塵寰。新涼至萬里，濃翠浮千山。白雲出何心，飛鳥倦自還。興盡盍迈返，勝遊宜勿殫。

遊鼓山靈源洞，次周元仲韻

碧海吸長江，清波逾練淨。我為鼓山遊，潮落初放艇。連峯翠崔嵬，倒影涵玉鏡。捨舟訪招提，木末繚危磴。淩雲開寶閣，震谷韻幽磬。乃知大叢林，棲托必深夐。靈源更環奇，巖壑相隱映。森羅盡尤物，無乃太兼併。偉哉造化力，至巧於此罄。煙雲互卷舒，變態初不定。豈惟冠一方，寔最東南勝。周行洞峽中，泉石若奔競。飄蕭毛髮清，滌濯肺肝瑩。當年喝水人，端恐溷觀聽。是心如虛空，

動寂豈妨竝。兵戈正聯綿，幽討亦云幸。相攜得佳侶，散策謝軒乘。偷安朝夕間，未可笑趙孟。淹留遂忘歸，悵望雲海暝。不負惠詢期，更起滄洲興。

登水雲亭（淳熙十三年正月四日）

愚齋

靈源有幽趣，臨滄擅佳名。我來坐久之，猶懷不盡情。褰裳步翠麓，危絕不可登。豁然天地寬，頓覺心目明。洋洋三江滙，迢迢眾山橫。清寒草木瘦，翠蓋亦前陳。山僧好心事，為我開此亭。重遊見翼然，險道悉以平。會方有行役，邛蜀萬里程。徘徊更瞻眺，斜日下雲屏。

登鼓山

黄幹（閩縣人）

登山如學道，可進不可已。懸崖更千仞，壯志須萬里。平生石鼓怀，独酌灵源水。峩峩大頂峯，欲往輒中止。今朝復何朝?擊楫渡清泚。好风從西来，縹緲吹遊子。褰裳陟遙巓，萬象能俯視。东南際大海，日月旋磨蟻。烟雲隔洲渚，歷歷猶可指。城中十萬家，囂喧不到耳。郊原與市廛，瑣碎如聚米。同来皆良儔，酌酒共歡喜。深林更呌嘯，磐石恣徙倚。摩挲陳公碑，歲月為我紀。更持末後句，歸以銘石几。（陳烈《鼓山銘》末句云：“謹其至，惟古則。”）

遊鼓山（有引）

眞德秀

六月二日，偕潛夫參謀諸友遊鼓山，飲湧泉亭。明旦，登天風海濤，坐白雲亭，追懷昔遊，愴然有感。偶成拙詩奉呈，併簡住山明師。

嚴宸有追詔，趣上太守符。疲民未蘇醒，還顧空躊躇。来尋灵源盟，喜與佳客俱。始酌清泠泉，一浣丹墨洿。超然煩暑中，著身在氷壺。遲明陟危亭，雲濤渺空虛。煙霏倏開闔，峯巒时有無。偉哉此絕觀，雄壓東南隅。蒼崖萬仞立，四面環瓊琚。翠木巧蔽虧，亭午清陰敷。令人澹忘歸，似到眞華胥。憶昨泛蓮日，選勝邀朋徒。摩挲巖上刻，慨仰趙與朱。舉觴酹且盟，一節期終初。重來三十年，恍如隔朝晡。竝遊四五人，存者獨老臞。有懷子陳子，感歎為欷歔。子抱明月終，我方長途趨。顛踣懼不免，儆省當何如？願言祝同社，著力相攜扶。禪伯亦可人，新結峯頂廬。老我故倦遊，軒冕非所娛。會須脫塵鞿，來依嬾瓚居。

陪眞西山遊鼓山

劉克莊（莆田人，龍圖閣學士）

先生廟廊姿，非直藩翰才。南州綵旗留，北闕丹詔催。重臣方暑行，停驂小徘徊。客中載枚鄒，物外尋宗雷。遂窮天海觀，一豁风雲懷。眷言此靈灵山，自判宇宙來。登臨幾朱輪，滅沒隨飛埃。堂堂蔡與趙，繼者其谁哉？共惟勳業侔，况乃名節偕。伊余忝載筆，適値祖帳開。雖陪叔子遊，独抱湛輩哀。餞詩堪覆瓿，不敢鐫蒼崖。

鼓山二首（刻水雲亭）

楊剛中

飛構表林崇，下與層雲平。陟嶠良已超，況乃臨滄瀛。盤盤汀樹分，離離海帆征。曙發沙旭近，秋澄潦區明。憑高慨徂暉，撫往空遺名。混混弗自期，營營定何成。

其二

名峯冐南州，靈境仍幽深。春結丹樹梯，秋明紫烟岑。峻遠遂真賞，清曠舒遐心。惜無同懷登，共引芳醑斟。冷風奏飛淙，絕澗調羈禽。誰為鍾子期？續此雲海音。

屴崱朝曦

明林鴻（福清人，禮部員外郎）

天地有神氣，屴崱東南青。高標窮碧落，蓮峯走滄溟。深探地無際，遠見日初出。蜃氣乍蒼涼，龍光猶恍惚。始知至陽精，明明含中虛。廻旋綴陰魄，斡運乾坤樞。願言吸晞景，庶以永年歲。手把扶桑枝，身騎六鼇背。玆焉對晝圖，飛夢遶屴崱。一笑天鷄鳴，晴窓已東白。

六月九日，與景和、思和二友生，鑛二上人同遊鼓山，歷覽名勝，晚至首石果公房，吟寄山中自菴華溪二禪師

陈亮（長樂人）

屴崱高萬仞，雄壓東南偏。昔聞多名勝，此日來攀緣。朋遊樂過從，琴錫相後先。逶迤陟層巘，浩淼窺平川。危亭更探歷，景物相新鮮。石門見金刹，始知別有天。中峯如翠屏，飛雲繞其巔。樓閣麗白日，松檜凈無烟。窈窕靈源洞，雲壑凌風泉。捫蘿恣尋幽，剝蘚辨石鐫。憑虛以觀濤，天風正冷然。神遊八極表，目送飛鴻邊。茫茫塵壒際，日月相推遷。昆明辨劫灰，海水為桑田。至人何所修，一燈坐相傳。永公吾所師，贇公亦忘年。何當入蓮社，永矣相周旋。

夜泊鼓碕

寒山夜蒼蒼，清猿數聲響。風生蘆葦鳴，水落洲渚廣。月出

知潮來，時聞人盪槳。

遊鼓山西畬

周玄（閩縣人，禮部員外郎）

穹形抱虬木，碧色限蒼鐵。澂潄身屢傾，量轍厓頻折。披蘿至雲杪，恍視崑崙竭。初景動扶桑，霓旌或明滅。高秋軼纖翳，千里亘寥廓。野曠眾慮恬，天清百愁絕。青陽與赤谷，詎可辨優劣？設險造化功，蟠幽鬼神穴。國師峯萬丈，鐘靈氣參錯。雙鳳何年來，徒聞此棲躍。晤遊非所私，況賴諸賢哲。崔嵬奉華巔，作書家人訣。

半山興善庵贈闡上人

鄧定（閩縣人）

東山何巍巍，茲嶺特秀發。上摩蒼穹迥，俯視平野濶。氤氳隱佳氣，中有蛟龍窟。山僧探靈異，披榛得奇壑。鑿厓開戶牖，結構依林樾。岧嶤入雲間，樓臺倚空碧。憑高聊騁望，萬里猶咫尺。天鷄半夜鳴，海底初出日。睠茲山水佳，足慰棲遁客。踈鐘度烟晨，清磬聞月夕。我來一登覽，杖履窮所歷。空翠落堦庭，風泉响巖石。地幽神更怡，趣得心自適。何當脫世網，從師了空寂。

遊鼓山徧歷諸勝處

晨登乘雲亭，石逕稍廻復。緣厓翳長松，夾道雜佳木。行行至半山，層披出林麓。江風吹帽寒，野翠浮衣綠。逍遙入松關，逶迤轉山曲。石門忽幽曠，望盡平水淥。靈源更奇異，捫蘿抵深谷。搴芳拾瑤草，采秀得芝术。上有千仞崖，下有百丈瀑。晨昏異氣候，亭午頗和燠。回登白雲樓，憑高豁雙目。吳越俯近郊，瀛丘入遙矚。屴崱何岧嶤，排雲削蒼玉。超然離人境，現此真兜率。巍巍梵王宮，金碧相輝燭。祇樹靄清芬，靈花散奇郁。悵予風塵姿，胡為相拘束。香山會不遠，東林有高躅。

登岃崱峯，宿湧泉寺

王偁（永福人，翰林院檢討）

翠微白雲裹，逢秋思一登。聳身躡苔壁，飛泉搖蘿藤。興豁海天際，坐看萬景澄。飲澗動羣鹿，宴林逢老僧。邀我宿北城，珠林懸古燈。寥寥片月上，悄悄天籟凝。因悲向城市，塵髮秋相仍。

喝水巖

唐震（閩縣人，翰林院編脩）

靈境斂幽寂，玄巖閟林莽。秋風何處來，泠泠百泉響。曇花散天雨，空翠入滄漭。卓錫振梵音，寒流自西往。道人此投迹，風蹬石獨上。竹逕清露繁，松關碧苔長。蓮社如有期，攀緣恣佳賞。

鼓山

林敏（閩縣人）

靈境杳難測，金仙多化城。白雲海東際，鑿翠構飛甍。方袍舊同社，引領躡雲行。松風泛虛籟，颯爽澗底聲。金霞望中滅，明月海上升。信是王者師，聖箭擅佳名。雲仍今幾葉，逈結西方盟。何當鳳池頭，一笑濯塵纓。

鼓山

陳郊（閩縣人，狀元）

天鑿玉芙蓉，神秀吐丹碧。誰能淩絕頂？歌嘯覽八極。中有躡雲人，冥虛振飛錫。梵揚海風生，幔捲島夷入。茫茫乾宇大，戚戚塵蹤窄。下顧簪纓儔，驅車入榛棘。何當謝塵累，因之寓泉石。

風泉雲壑

趙廸（閩縣人）

久負名山期，常思邈遐路。微風若水流，歸雲澹紈素。溶溶度雨來，靄靄依林暮。天空送夜涼，秋聲在巖樹。清聽殊未窮，獨對情如故。若人僧中英，振錫茲山去。雲車倏已駕[①]，將逐泠風御。林間果願心，悠然得真趣。

鼓山同周博士繁上人

陳郁（閩縣人）

秀色横東南，危峯霽金碧。迢迢蓮蓋起，隱隱松門入。鶴林度輕策，鳥道絕行屐。周子陶令儔，繁師遠公匹。心空境自閑，目遠趣非一。良辰集佳賓[②]，雅調諧金石。氷澗秋欲寒，雲窓晝猶溼。赤城詎云遠？蒼島杳無極。即此可飄飖，那能悵今昔。

靈源洞

林和（閩縣人）

一峯際東海，岃崱凌紫虹。緣源入靈境，洞府何嵌空。陰壑漱珠液，懸崖咽流淙。象王宴坐處，石榻莓苔封。至今銀函發，花雨來濛濛。異境壓閩粵，清遊疑崆峒。溪寒嘯一虎，雲濕歸雙龍。猗余昔探討，夜宿烟蘿中。五別桂花月，西騁愧塵容。吾師天界士，出領金人宮。入洞演清梵，尋源隨暮鐘。願言開覺路，卓然為道宗。他年掃松石，遲我來相從。

---

① “倏”，底本作“夙”，據黃任本改。

② “辰”，底本作“晨”，據黃任本改。

鼓山

林善同（閩縣人，舉人）

閩山深莫窮，蒼翠宛如積。雲霞有奇蹤，臨眺澹日夕。心將谷口耕，嘯引蘇門客。還訝輞川連，似與終山隔。懸蘿帶夕陰，飛流挂寒碧。松際天風來，飄然動巾舄。放情丘壑間，落葉遺行跡。

湧泉寺

林瑶（閩縣人）

化城豁烟景，輟策恣攜手。偶為落日興，況值清秋候。雲梳松畔衣，月出澗中牖。晤笑面靈岑，逍遙步高柳。冲襟屢諧道，展袂或藉酒。詎挽緇錫鄰，頗忝簪裾後。結社入東林，風流在人右。

鼓山

張稷淮南人，福建巡按。

淩晨出閩城，舉趾向東際。十里臨絕巔，半山成小憩。宿靄揭朝暾，深林散晴霽。天風吹海濤，高蹤未能企[①]。回首餘夕陽，長歌振林桂。靈洞䲭題，石門無俗翳。猿猱窺古籐，篠蕩迸危砌。喝水雖渺茫，靈源自深閟。當燭然松脂，避嵐濕衣袂。平生嗜遊觀，當此豁癖蔽。對月已無言，江汀鶴孤唳。

鼓山（正德己卯仲春九日）

陳策（無錫人，福建參政）

曳舟來鼓山，浩興浪不已。握策力攀躋，芒鞋踏青翠。松桂

---

① 此句黄任本作：“天風與海濤，遺蹤見真諦。”

滿山陰，烟嵐半空起。野麈銜客衣，靈源洗塵耳。攀蘿上危巔，疑出人間世。石古風雨摩，隱隱見題字。遐哉考亭書，相傳三百祺。回頭瞰大洋，洪濤翻贔屭。孤青島嶼浮，黃鵠來天際。山風撲衣寒，且向禪扉憩。汲泉煮山茶，聊以滌煩思。①

又次蔡君謨韻

東隅多佳山，屴崱尤駭目。天風吹我遊，迤邐入深麓。雲開半山亭，旭日升暘谷。鐘聲何處來②？老僧林下屋。龍化石潭秋，淡煙迷脩竹。崩石出枯籐，疑是不周觸。下界渺河沙，夷島遐可矚。大頂摩空青，幽壑垂寒瀑。長嘯問山靈，茲遊許吾獨。斜陽閣虎頭，回首跂塵足。

鼓山

釋宗繁（本山住持）

振錫入松關，超然有清況。所懷喝水翁，靈跡尚感仰。撫松坐盤桓，漱水揚虛瀁。直登屴崱巔，天高氣明爽。適逢佳節臨，黃花稱幽賞。優遊閉禪扉，靜夜理琴響。對榻眠白雲，焚香足吟想。一夢猶不醒，晨鐘啟東昶。

① 此詩黃任本作："曳舟鼓山前，到山僅一裏。平生愛茲山，浩興浪不已。沙彌候山門，芒鞋踏青翠。松桂滿山陰，煙嵐半空起。野鹿啣客衣，靈源洗塵耳。攀蘿上危巔，疑出人間世。古石風雨摩，隱隱見題字。遐哉考亭書，相傳三百祺。回頭瞰大洋，洪濤翻贔屭。孤青島嶼浮，黃鵠來天際。山風撲衣寒，且向禪扉憩。汲泉煮山茶，聊以醒倦思。作詩記東峰，五載始一至。"

② "鐘聲何處來"，黃任本作"撞鐘何處聲"。

遊鼓山，用蔡韻

林俊（莆田人，尚書）

披蓁歷山椒，萬象送遙目。天風毛髮寒，海氣昏晴麓。獨高仰眾岑，靈響遞虛谷。帆檣帶江影，駭浪來雪屋。景曠懷抱澄，杯盤動脩竹。清酣百慮遠，意與雲物觸。神飛八極遊，漭蕩恣遙矚。身世一飄絮，人事感亂瀑。峴首碑雙磨，柴桑尚茲獨。樂天竟奚疑？勿以蛇添足。

鼓山

張潛（閩縣人，教諭）

超然出海山，上與白雲齊。俯瞰眾山伏，始悟太華低。瑞靄散蒼翠，靈光發虹霓。琪樹曉瑟瑟，瑤草春萋萋。星斗繞朱甍，雲龍護璇題。蓬萊在人間，梯磴亦可躋。我欲傍茲室，靜言窺天倪。①

鼓山，次林子羽韻

鄭汝美（閩縣人，户部員外郎）

石鼓啟宿霧，高峯亂攢青。長江走其下，五虎障東溟。金濤萬頃翻，扶桑日初出。鼇極蹣然存，古今亦倏忽。全閩稱一絕，斯言誠不虛。華夷大界限，此鎮為之樞。如幄老豫樟，培植有年歲。何限明堂材，巖阿與山背。無諸事如何？吾欲問岃崱。霸業釣台荒，桑田海濤白。

---

① 此詩黃任本作："超然出海山，巍巍與天齊。仰看眾山小，始悟泰華低。瑞靄散蒼翠，靈光發虹霓。琪樹曉瑟瑟，瑤草春萋萋。蓬萊在人間，梯磴亦可躋。上通無極境，日月行東西。星斗繞朱甍，雲龍護璿題。我欲結茲室，靜言窺天倪。"

鼓山

方邦望（閩縣人，推官）

粵區盛瑰觀，屴崱奠南紀。上干日星流，下吻蓬萊水。嵓洞閬以奇，神僧留芳趾。曰余愛登陟，會心迷遠邇。藉茵瑤草柔，枕流玉泉瀰。天地廓無垠，延目山河美。長歌望雲海，相期羨門子。

遊鼓山，暮歸，聽鐘言別

詹莱（常山人，長樂縣知縣）

遠鐘出白雲，明月照歸軾。清泉沁人心，喬松生古色。睠此丹丘同，恨無乘風翼。解纜各西東，風潮正悽惻。

水雲亭看雪，用愚齋韻

黃用中

閉門聊養拙，少出緣逃名。入夜雪不止，擁爐動豪情。平明漉新釀，獨向寒山登。草頭液既盡，枯柯聚還明。山川噓午烟，簷角流縱橫。矯盻屴崱巔，曄然素幃陳。俯瞰三江流，漫漫波濤平。徘徊玩不盡，蹁躚立危亭。感此懷仙家，倏欲乘雲程。前峯如可取，歸作窓前屏。

癸酉秋八月登鼓山

林世璧（閩縣人）

達人洞靈機，曠士多遠懷。結思淩烟霞，塵俗非所諧。東山有奇蹟，崒奠南陔。雲氣上窈窕，流泉駭奔雷。海色若可覽，悠然望蓬萊。秋風一鳥度，落日松聲哀。縱步躡星嶠，幽襟疎以開。玉女何皎皎，飄颻自天來。手攜綠玉軫，含笑還徘徊。為我拂纖指，高音何嘹哉。高歌有悲激，感泣涕難裁。願因附雙鵠，翱翔遊九垓。

鼓山寺

徐𤊹

入寺謁遠公，寺遠陟還歇。松密禪扉寒，苔深山路滑。野鳥啼不休，清音度林樾。雲影盪心胷，流泉沁毛骨。寶磬響空青，形神覺超越。回首望山椒，荷衣帶明月。

登鼓山絕頂

魏文焲（閩縣人，按察使）

九月天氣高，金風汎蘭蕙。靈籟振林端，羣峯開朗霽。而我愛名山，欲窮九垓裔。手攜胡孫籐，言覓仙人桂。石門宛自存，丹室已云閉。飛步歷翠微，極目無纖翳。松聲天樂鳴，壁影雲旗曳。憑虛攬八極，渺望無盡勢。俯瞰傲溟渤，浩浩東流逝。緬彼空中鶴，獨有淩雲志。飄颻望青冥，豈為樊籠繫？吾當整雲車，五嶽拂長袂。

登鼓山和蔡君謨韻

郭子章（泰和人，福建布政使）

層崿開靈境，清泚盪心目。披蓁躡石磴，聽猿度林麓。恍入天台路，疑壓王官谷。紺宇若騎尾，碧霞半巢屋。天風倒海濤，聲勢劈巖竹。石鼓亦何奇，雷雨憤相觸。絕頂削芙蓉，孤高延麗矚。池頭有浴鳳，山腰聽飛瀑。仙蹤去不遠，丹竈自幽獨。一嘯豁南溟，三山空鼎足。

登鼓山絕頂，還宿靈源洞

鄧原岳（閩縣人，副使）

步出東郭門，已識靈峰面。行行又十里，山廻翼宮殿。石罅響流泉，百道如飛練。矯首岃崱峯，可望不可見。歷覽稍忘疲，玄象搜羅徧。賈勇陟其巔，頓令心目戰。蒼茫大海流，三山雲外見。天風颯然至，寒燠忽已變。歸宿靈源洞，空翠落如霰。山嵐日夕佳，几席生葱蒨。幽鳥向我鳴，浮雲自舒卷。借兹清道心，坐使塵慮遣。朱門何足榮，末俗豈能眩？

九日登岃崱峰

陳宏已

佳晨但百憂，勝地不一賞。我生非馬牛，胡為在塵鞅？緬愛江上峯，去漢不滿丈。秋風吹我來，捫蘿欻而上。維時值重陰，天氣未開朗。木落眾壑平，泉流百巖響。寒雲曳客裾，暮靄迷僧杖。出沒俱荊蓁，縈迴復林莽。玄關愁虎豹，白日逢魍魎。險阻既備經，高平還獨往。俯睇無諸山，歷歷如土壤。東海扶桑枝，折之在吾掌。諸天一何卑，九垓孰云廣？始知身已崇，不覺神為蕩。因懷赤松去，輒起紫霞想。藥裹攜九還，芒鞋踏千緉。盡醉下界人，永作名山長。

登鼓山大頂（万历甲申四月）

徐熥

曉望岃崱峯，振衣陟蓁莽。樹色遠葱蘢，練瀑空中響。峭壁插蒼穹，丹厓懸百丈。鬼斧鑿鴻濛，玄巖閟罔兩。我來叩崆峒，素心懷孤往。蘿蔓刺衣裾，烟霞隨履杖。倚石漱清流，頓令神骨爽。薄暮日漸暝，月印蒼苔上。忽聞天籟鳴，泠泠愜心賞。願言脫塵纓，不復緇世網。

東際亭晚眺（萬曆癸巳仲春）

虛亭蒼翠間，煙霞變奇景。微鐘起梵音，空潭自清影。行來竹靄深，坐久松風靜。冥然道心生，倏爾塵緣屏。吟眺猶未闌，殘陽在西嶺。

鼓山望海

沈野（長洲人）

言登岃崱峯，以觀潮汐池。驅石傷秦皇，與棗慕安期。島如鼇背湧，雲似鵬翼垂。彷彿蓬萊宇，依約扶桑枝。玄鶴沒遙靄，白鷗起近坻。珠光夜月混，蜃氣曉樓疑。怒雷無停候，長風鮮息時。斷浪千兵列，連濤萬騎隨。望望無窮極，乘桴有遐思。

靈源洞讀前代題刻

徐𤊹

古篆鐫嶙峋，茲山咤尤盛。先賢亦樂此，於焉托賦詠。俛仰千百祼，披榛見名姓。縱有王公權，難與蒼蘚競。摩厓自剔拭，成誦互相慶。間誇詩律奇，或賞筆鋒勁。快覩力不疲，夕陽遠山映。然炬留新題，期與古人竝。

靈源洞

曹學佺

古洞秘靈區，中天開石扇。俯峽峭以深，緣厓紆而蔓。澗虹既跨雙，谷風復吹萬。神瀵詭其脈，江流曠於面。異哉遐與邇，當身有迷見。

其二

石上題名字，蒼苔為之襲。摩索雖甚艱，久之亦漸習。乃知遊覽懷，昔人於我及。出谷鐘似吼，入洞月如吸。巖房此棲托，逼仄聊自蟄。僧梵雜蠻啼，客眠讓虎入。

靈源洞

張宗道

古洞逗烟霞，懸巖閟日月。寒泉不歸澗，潛響生林樾。上人自幽澹，流水亦超忽。潺潺濯塵襟，泠泠清俗骨。好風自南來，吹我冥心發。脉脉自忘言，於焉世氛歇。

東際亭晚眺

孤亭眺遠垠，明霞散光景。須臾天籟生，萬象皆靈境。明月窺松間，寒流炤清影。蟲聲喧四圍，露下衣裳冷。北斗移紗窗，明河秋耿耿。禪心寂無言，獨坐夜將丙。

登鼓山絕頂

蔣奕芳（長樂人，舉人）

孤峯秋氣早，寒商動萬壑。振衣造其巔，歷歷見域郭。宇宙泛蒼茫，縱望無垠堮。寥廓極心神，微吟汎清酌。俯窺大海流，何殊此杯勺。巨鼇戴三山，羣聖同棲泊。桑滄會有期，隨風將安託。迺知昭曠觀，不羨爽鳩樂。乘化遊無窮，窅然遺六幕。

鼓山感述

生平秉素尚，塵纓猶偃蹇。夢想兹山游，隔時心莫展。窮秋載興懷，紆儔共遊衍。孤舟泝洄流，晨策陟陘峴。崑崿爭雲烟，蹊路寡苔蘚。藤疎石澗明，木落遠郁辨。遐瞻覺物空，感興良不淺。寄托願無違，達觀理自顯。冲漠師至人，豁然得所遣。

鼓山禪院，用蔡君謨韻

晨起步前楹，從倚娱心目。空翠落衣襟，菁蔥散林麓。好鳥囀深嵓，靈泉瀉幽谷。斑駁蘚封堦，扶疎樹繞屋。鼯鼠挂垂藤，蜻蜓穿密竹。微微潮始生，靄靄雲初觸。澹蕩寄遠心，放曠窮遙矚。窓中列翠微，庭際注玄瀑。勝晤藉高朋，招遊良不獨。共有白雲期，於兹堪托足。

汪白泉太守同石門高子丁戊傅子遊鼓山，以“青天白日，高山仰止”為韻，予因賡之

周廷用

鼓山秘靈氣，岌業横滄溟。咸池蕩初晰，景逼扶桑青。巖華與水碧，符彩揚精熒。我行聊徙倚，如從泰華登。

其二

兹嶺奠閩服，屼屼淩蒼天。建標滄海側，結根太古前。中有幽棲士，采秀餐雲烟。瞥然與之遇，授我長生篇。

其三

燦燦金鵝蕋，英英雲間白。玄蓋引天風，靈籟殞日夕。攀松上丹崖，搴蘿坐玄石。眷言悟心期，遲爾延佳客。

其四

为𡷋敞高峯，晴空屹自立。緒風散清氛，朱華冒白日。昔有真仙居，伐毛練玄汁。鬱彼蓬萊宫，窅窅風雲集。

其五

重關莽迴互，閌閬丹霄高。中有金銀臺，三山蟠巨鼇。仙人遊海上，炤耀雲霞袍。因遇皁卿侶，乘桴鼓玄濤。

其六

淹留佇日夕，延覽窮茲山。靈符肇太始，佳氣乃鬱盤。我因啟玄秘，躡步青雲關。長嘯飡石髓，日暮當來還。

其七

風吹雲錦裳，窈窕丹梯上。黃鵠嘯蓬池，乘飈肆沆瀁。桂樹挺崇岡，葳蕤日以長。睠茲謝冥筌，聊以遂偃仰。

其八

春日寡塵務，覽觀及茲始。采芳入雲峯，散髮臨溪水。天行恣所如，泉石歷或止。心賞秘天機，沉冥得吾理。

九日鼓山和蔡君謨韻

何九雲

嶺道何岧嶤，江光亂人目。僧去多廢庵，客到先尋麓。逢逢石鼓音，毋乃在深谷。頂指琉球山，雲掩無諸屋。聞香忽摘梅，冒險争攀竹。仙兔秋草肥，五虎江面觸。伊昔王者師，石床寓清矚。發機通聖箭，宴坐枯流瀑。弔古前代多，狂吟與君獨。欲試茱萸健，願窮許椽足。

經湧泉廢寺

絕壑心常愜，玄情幼夙躭。捫蘿穿洞北，披霧入山南。舊址無全礎，殘燈剩半龕。兔狐游古瓦，魚鱉守空潭。雨暗陰崖鬼，林荒野繭蠶。夕陽崩贔屭，秋草臥伽藍。昔歲閩王構，靈光殿不慙。從經灰虐焰，遂令失幽探。寂寞垂僧淚，繁華感客談。躊躇寧感久，極目況烟嵐。

鼓山寺送鄭秀才

高廷禮（長樂人，翰林院待詔）

屴崱海上秀，中峯開禪宮。虛亭掛空翠，直上臨方蓬。溟漲在几席，天光映簾櫳。目極萬里外，但見青濛濛。曙色從東來，晃然靈境空。登臨豈不美？別意歎無窮。

鼓山

丘良（閩縣人，教諭。）

野服久耽幽，朝登屴峯最。烟逕披蒙茸，星軺發空翠。石門遞松關，引領曠相對。鐘聲雙樹下，香氣三天外。薄暮澹忘歸，悠然脫塵累。

鼓山

何喬新（廣昌縣人，刑部尚書）

閩鄉多靈山，兹峯特蒼峭。況聞紫陽翁，石壁遺墨玅。英僚適休暇，駕言事臨眺。行行造禪扉，林壑覺幽悄。窮蒐意未已，不憚披蓬藋。共躋崖際亭，稍憩道傍廟。度澗聆淙琤，尋巖穿窈窱。捫蘿陟崇巔，超然出雲表。俯瞰孤隼翔，遠觀巨鼇掉。三陟亦云疲，班荊發清嘯。賢主具壺觴，欣然為飲釂。鮮飈撼長松，恍如奏清調。咲談情正洽，暮色生遠嶠。登覽慙未周，匆匆促歸轎。昔賢有高躅，願言共追紹。何當結精廬，庶矣窮幻玅。

鼓山

葉溥（龍泉人，福州府知府）

登此一山高，見彼衆山小。上挹天風細，下視海濤渺。古蹟尋已遍，留題看未了。日瞑方吸泉，言歸路還杳。

登大顶峯

吴華（九江人）

直上屴崱峯，俯視羣山小。江流一線縈，溟渤真可沼。咫尺對天顔，獨立萬物表。吞吐八荒雲，巍然鎮閩嶠。

靈源洞

吴兆（休寧人）

攀磴既陟峻，歷深復撥密。滑滑梯蝕苔，蒙蒙草沒膝。仙源奇不測，靈洞趣非一。秋江幾痕白，秋空纖可悉。松門帶村徑，石橋接草室。澗涸泉改流，峯側景半匿，淹此巖下宿，神情頓超逸。

遊鼓山，同徐惟和、惟起

閔齡（歙縣人）

竝策出城東，涼颸何颯爽。屴崱入青冥，半嶺乘雲上。支頤問刼灰，結志生遐想。徙倚陟層巔，狂歌振逸響。

鼓山白雲峯

釋廣印（號聞谷）

峩峩聳層霄，澹澹鎖寒碧。凌晨獨自登，露落衣裳濕。潭空龍有腥，葑沒虎無跡。幽菊背巖芳，落木翻風急。山盡海門空，潮平帆影疾。白雲布杖頭，不見忘歸石。

清漳劉漁仲、戴平子來山見贈，步韻奉答

釋元賢（本山住持）

運當刦火後，祖庭久荒蕪。賴有布金客，重搆釋氏居。湧泉猶潺湲，白雲尚卷舒。靈源流未竭，喝水聲非無。昔人頗神恠，萬指繞圓蒲。不跨石門句，古今寧有殊？我來繼其席，跛鼈出通途。敢追逐電驥，聚觀盡軒渠。胡為枉賢達，松際來高車？甘避文石陛，邀入烟霞廬。山僮共喜躍，好鳥競歡呼。白龍亦不禁，灑雨洗塵塗。揮毫走龍蛇，燦燦皆玉珠。遺響落千巖，流光燭九衢。促席論底事，何禪亦何儒？識得達磨意，方知孔聖書。陶然忘喧寂，松月炤窓虛。山空澹雲影，幽香入庭除。慚予坐枯槁，兀兀長守株。徒虛匠石顧，山頭一老樗。

登鼓山大頂

登峯須造極，斯言聞之古。屢欲緣雲上，志靡輒自阻。今晨決策往，力羸憑杖拄。崎嶇達彼巔，萬峯皆下俯。五虎不敢渡，伏在江之滸。依微見諸城，澹烟鎖平楚。諸山到海盡，漾蕩去何所？極目蒼茫中，夷島若可數。晚風起天末，逢逢發石鼓。劃然一嘯歸，響落千巖塢。

遊鼓山

鄭瑛（常州人）

平居寡歡緒，屈指謀遠眺。嵯峨郡城東，終古拔幽峭。裹糧挈斗酒，遊侶得同調。籃輿歷翠微，一舍頗易到。叢林棲古宿，鐘磬出塵罩。禪龕容聯床，清夢消幻泡。淩晨理孤筇，決策尋鳥道。

輿夫久朒縮，衲子樂鄉導。前徑益峻滑，長者遜年少。餘齒雖最高，不甘半途誚。蹣跚榛莽中，先登遠叫笑。動色辨虎迹，危心逼原燎。賈勇超絕頂，滄溟獻壺嶠。風濤何茫茫，一覽領其要。箕踞撫磐石，形求鼓惟肖。雄心右搴旗，鼊音振旟旐。指顧越萬里，思泛徐福棹。安得漁陽撾，助我發長嘯。

七言古詩

别鼓山珠公

宋鄧肅（沙縣人，承務郎）

俄頃詩成准勅惡，寒江夜渡秋蕭索。曳杖從師得摩尼，洗空愁腸天地廓。年來狂妄嬰逆鱗，去國三秋又出奔。隔牆後得綈袍舊，一笑喚回逆旅春。我心不轉嗟匪石，方壯兩遭天上斥。處處逢君道價高，萬指方袍趨法席。白雲天下妙林泉，看君又作新法緣。倘能容此無歸客，便當結社追白蓮。

遊鼓山

元鄭洙

閩王昔時登鼓山，鑿雲梯石開松關。國師喝水遺聖跡，靈骨深閟石崖間。秖今四百三十載，陵谷桑田幾更改。樓臺猶聳舊觚稜，屶崱高臨古滄海。我來正當二月初，野橋幽徑聯肩輿。乘雲直上度林壑，俯視城郭連村墟。石門迎客僧成列，鐘鼓交鳴龍象悅。升堂秉燭憩禪床，清夢無塵灑冰雪。明登白雲觀湧泉，摩挲題刻知何年？天風萬里春浩蕩，海濤洶湧聲潺湲。老禪尚能陪杖履，欲上危峰最高處。紫陽遺墨鎖蒼苔，嗟我詩成無好句。為君刻石留姓名，酒酣日午潮初平。安得扁舟泛溟渤，行看四海風塵清。

寄贈鼓山繁公[1]

明陳亮

岃崱高出東南天，鑿山通道五百年。石門靈洞絕形勝，金銀樓閣白雲邊。昔年曾入金繩界，遍閱重重華藏海。大地長懸佛日明，叢林故有宗風在。繁師應舊作山中客，壯遊曾振金門錫。法雲昨夜現東峯，山中草木皆春色。野人長慕好林泉，欲識支公未有緣。雲扃果爾無關鑰，願向靈源一問禪。[2]

送了心上人還鼓山

王恭（長樂人，翰林院典籍）

竺僧本自金天西，流沙轉望無端倪。口傳佛印清五濁，心將寶筏登羣迷。聖皇齋沐思高廟，天下緇流争奉詔。甘露朝凝百樹枝，祥光夜絢鍾山嶠。龍象紛蹴踏，鯨鼇互鏗鞫。香雲絪緼晝不散，靈花歷亂春無聲。吾師石鼓峯頭住，一錫西遊了真悟。看山偶上鳳凰台，歸心也憶靈源樹。靈源絕磴繞松杉，四面垂蘿隱石龕。國師去後安禪處，神物猶存喝水巖。玆晨好作金陵別，千里淮雲山一髮。吴楚蒼茫數點煙，幾時看到閩中月？白頭西上寄萍蹤，為爾鄉僧動別容。待予秘閣看書罷，歸路先尋鶴頂峯。

鳳池雙古樹

林思和

雙古樹，淩穹窿。柯如石，根如銅。婆娑偃葢覆雲日，交錯

---

① “寄鼓山繁公”五字，黄任本作“華藏海”。

② “金繩”，黄任本作“龍天”。“叢林故有宗風在”一句后，黄任本有“巍巍猊坐鎮高堂，大教三乘屬闡揚。向非智力排龍象，百萬魔軍未易降。”“向靈源”，黄任本作“逐浮丘”。

屈幹回虯龍。蒼然不改霜雪操，挺爾信是陰陽鍾。徒勞梓人睨，寧受秦皇封？我昔經遊值炎暑，解衣坐起於其中。老衲逍遙步清蔭，一見握手欣相逢。問之種來幾年月？只說靈壽齊崆峒。沉吟嗟賞成坐久，颯颯萬吹鳴虛空。煮茶燒笋掃落葉，拂蘚倚石横蕉桐。蹉跎不覺二十載，寤寐欲往無繇從。茲晨故人索題詠，為言寄贈今禪宗。何當重約鳳池畔，挂冠樹下吟天風。

鳳池

周盛

吾聞岃崱峯，上有鳳凰池。靈鳥久不棲，於今適來儀。清池炯炯洞見底，光炤鬚眉瑩秋水。涵虛湛湛雲影搖，冷風細細秋波起。繁公於此斂蹤跡，靜對水月心常寂。性空直與靈源通，身閑未許浮雲識。我來邀取羣仙儔，拂衣海上登鼇頭。淩風九萬一回首，更欲跨鳳看瀛洲。繁師須拂池上石，與爾共作三生遊。

遊鼓山陪陳侍御

馮本清（余姚人[①]，福建僉事）

鐵冠御史才且雄，銜恩持節來閩中。風流不讓李太白，豪氣絕似陳元龍。公餘亦愛閩山好，邀我飄颻共探討。古寺雲開曙色高，靈源花發秋風早。酒酣倒著宮錦袍，岃崱峯頭看海濤。令人從此小東魯，不獨泰華如秋毫。

①　“余姚”，底本作“餘姚”。

登鼓山永樂乙酉三月，奉使琉球，經此有作

陳時中（四川人，参議[①]）

鼓山甲冠東南隅，層巒疊出金芙蕖。[②]大山屶崱雲卷舒，小山突兀烟霞除。澗流潺潺雜絃歈，松風瑟瑟鳴笙竽。閩王昔此置良圖，鑿開山谷成規模。秖今紀年五百餘，桑田幾度變丘墟。樓臺依舊臨天樞，古殿高聳青雲驅。我來登覽不憚劬，野橋幽徑連肩輿。乘風直欲上雲衢，俯視城邑微一區。當年主席丰骨殊，喝泉有迹留名譽。於今老禪吾鄉閭，興闌陪我行躊躇。紫陽先生誰能如？天風海濤遺其書。酒酣便欲賦歸歟，扁舟正遇潮平初。安得乘槎飄然徂，遠訪蓬丘海上居。

陪陳侍禦遊鼓山

張翼（歸安人，福建僉事）

栢台使者金門吏，妙年磊落青雲器。觀風暇日覽輿圖，共愛閩中山水美。王春正月花始開，邀我置酒青蓮台。慈雲一片自東起，法雨幾點從西來。以茲塵襟淨於洗，移樽又向靈源裹。林間猿鶴驚繡衣，石上莓苔濕珠履。興來歡樂豈暇愁？憑高眺遠窮冥搜。此去日邊應咫尺，何須高起望京樓。

石鼓觀濤

林春澤（侯官人，知府）

越王城東石鼓峯，東障炎海摩玄穹。峯頭翠霧擁仙島，下臨萬頃黿鼉宮。紫陽墨蹟亘霄漢，海濤千古颶天風。靈岳自茲逈增重，

---

① “四川人，参議”，底本作“□□人，四川参議”，據黄任本改。

② 此處黄任本有“地鍾靈氣清旦虛，迢迢綠水羅縈紆”一句。

大觀乃爾獨稱雄。朅來三山豁心賞，飄飄意氣高冥鴻。興酣縱步鼓峯頂，振衣長嘯入鴻濛。長江噴浪灑空碧，扶桑浴日蒸霞紅。伊人嗑然一撫掌，渤澥萬態羅胸中。謝安雙屐盧敖杖，逍遥到處神俱融。逸思崚嶒出泰華，揮斥八極應無窮。

屴崱峯

陳元珂（閩縣人，參政）

無諸開彊列漢紀，閩中諸山最稱美。東方秀出屴崱峯，盤根雄浸滄江水。滄江之水自南溟，島夷萬點如烟青。屴崱峯高海在下，登高一望心目醒。日觀恍疑蓬島戶，天池時浴鳳凰翎。天池日觀渺難陟，仰攀斗牛揖瑤極。徑轉翻令下界迷，巖傾卻訝上方仄。上方下界極悠悠，嵐烟瀑布無春秋。洞古不隨陵谷變，源靈直向海門流。有時倏忽起風雨，蒼茫萬里失村渚。有時夜半曦炎光，紅輪遠掛扶桑樹。八荒變態在眼前，詎但東山能小魯。生賢不獨一代豪，毓秀多為申與甫。絕頂直幹赤帝居，不作泰華鎮中土。七十二代何茫茫，翠輿紅蓋杳莫覩。千古徒勞障海氛，相如空有封禪文。名山勝跡了不遇，脉脉時看閒出雲。

遊鼓山（嘉靖辛亥歲）

林世璧

我本豪縱客，少年耽遠遊。東攀岱岳頂，西涉黃河流。自從冷落歸南海，十度江湖歲星改。五岳神仙未有期，甘泉獻賦情空在。爾來索居何寂寥，眼前萬事皆飄飖。時聞黃鳥有佳調，恍惚青山烟霧消。東風習習吹蘭若，芳草芊芊映堦下。笑語欣逢入定僧，歡歌偶值同心者。萬象何心不費言，冥冥天籟寂無喧。西方神聖如堪訪，欲種菩提海上根。

鼓山望海歌

郭汝霖（永豐人，吏科給事中）

鼓山雄峙閩城之東南，危乎突兀蒼雲參。天風歘蕩萬島側，吹我倏忽青冥嵐。一聲長嘯林谷應，語響以與上帝談。扶桑翹首積烟霧，彭湖晃漾如拖藍。海氛戎戎海日薄，浪花滚滚金銀函。長鯨噴沫短鯨駭，蛟龍來駕天吳驂。中山杳靄知何處？飛帆遲阻余多慚。君不見五虎閩安在眼底，連年倭血赤潮水。揮戈豈無斬馘功？四郊多壘公卿耻。誰能折衝尊俎間，免令黎庶勤弓矢。

屴崱歌[①]

林懋和（侯官人，布政使[②]）

石鼓山標屴崱峯，巍然形勝擅閩中。高淩蜀道三千疊，險謝秦關百二雄。芙蓉秀出城東陌，森削疑從巨靈擘。砥柱根蟠渤澥深，瀑流影蕩扶桑碧。綺錯川原似掌平，下觀闤闠鏡中明。陰崖六月還飛霰，陽嶠中宵看日生。丹梯石棧迷人迹，鶴唳猿啼自朝夕。上方臺殿入虛無，下界雷霆諠霹靂。扶輿清淑鬱紆盤，生材不厭冠儒冠。韓奕繇來誇禹甸，崧高還擬詠周翰。挹斗捫牛天一握，引領仙瀛未全邈。雲移霄漢想嵓嵓，翠靄郊圻羞濯濯。茲峯昔日記曾遊，聯翩五馬偕冥搜。喝水巖頭忽風雨，蒼茫回首嗟難留。別來寤寐已十載，日向衡門望烟彩。感舊因君一賦詩，還期三秀同君採。

---

① “屴崱歌”，黄任本作“屴崱峰歌”。

② “侯”，底本作“候”。

鼓山望海歌

張焯（侯官人，知縣）

石鼓峯高障海東，海門淜湃趨鴻濛。女媧煉石補天缺，竟遺渤海虧全功。聳身直上峯巖表，恍疑坐我雲霞杳。百疊芙蓉低且昂，捫蘿俯看青螺小。君不見海水東流去不還，插天屴崱雪濤寒。摧山巨浪渺無際，巖頭喝水蛟龍蟠。無諸歷歷已千載，漢將何年到閩海？馮夷海若泣鮫宮，空留石鼓迷烟靄。迄今巨浸抹蒼烟，有客乘槎去幾年。見說島間應有國，秖疑波外更無天。曠哉浩淼乾坤力，歸墟大壑了莫測。祖龍昔漫恣奇遊，那得飛航通絕域。更攀嶺上窺蓬瀛，悠然使我形神清。海濤天鏡雪山白，遙峯數點琉球青。我愛高山對君酌，海若笑我戀猿鶴。何時泛海更登山？移文不至羞林壑。

重遊鼓山

陳椿（閩縣人）

不到名山動十年，幾回夢遶白雲邊。朝來乘興忽驅馬，東郊蔓草生寒烟。蒼茫不辨往時路，遙借村童頻指顧。轉從水曲涉山阿，微聞孤鶴鳴清露。入門雙樹護禪宮，千花隱映日光紅。齋心稽首黄金相，風吹旛動祥烟籠。俄然老僧亦出迓，牽衣導至層岑下。行邊積翠澹珠林，望裏空青浮石罅。相將策杖歷巖丘，巾舄霏霏霧靄流。白龍江水看如帶，馬頭鼇足皆培塿。就中靈源洞絕勝，飛瀑泠泠遥入聽。懸巖百丈斷危梁，女蘿倒挂猱猿徑。行行屴崱峯轉高，孤標控海翻洪濤。有時天風歘然起，萬籟飂飂爭怒號。峯前極目海天碧，員嶠方壺看咫尺。留題憶得古人詩，摩徧蘚苔尋絕壁。因嗟往事寂無言，歸路林昏宿鳥喧。松下娟娟依寶月，花前脉脉對清尊。吁嗟乎！市朝何事常偪窄，半生虛負烟霞癖。

春糧旦暮且重來，煩君為掃峯頭石。

屴崱歌

趙世顯

屴崱高高倚天懸，懸崖削壁含蒼烟，琪花瑤草相向妍。我登絕頂望東海，海上堪悲人代改。越宮漢壘俱塵埃，惟見古來明月在。明月娟娟炤酒盃，海天空闊鴈飛廻。樽前嵐氣微茫起，竹裏秋聲颯沓來。嵐氣秋聲兩蕭瑟，寒暑相催如過客。對境須傾三百盃，莫把光陰枉拋擲。醉來聊枕白雲眠，醒後翩翩思欲仙。玄鶴倘從雲裏下，乘予一上閬風巔。

癸卯九日登鼓山歌

林世吉

言尋九日約來登萬仞峯，手握靈芝跨白鹿，踏遍六六青芙蓉。芙蓉岧嵉凌烟表，秋杪披襟愜攀眺。肘底雙丸日月低，眼中一撮寰區小。我欲升天叫帝閽，丹梯縹緲向星捫。千巖空翠霑金爲，萬壑晴霞撲玉尊。狂來倚劍泠泠嘯，直訝乘風入蓬島。漫從紫洞飯胡麻，復向琳壇掇瑤草。泬寥天朗風初凉，憑高傲睨雙眉揚。應節黃花競苞露，催寒白鴈紛啼霜。此時振策生青眼，浮白持螯憂盡遣。抱笙或奏步虛詞，揮麈還馳非馬辯。意氣豪雄擅一時，冥搜丹壑更支頤。五遊健筆君能賦，百罰深盃我不辭。更聞峯頂多奇躅，時有飛仙上樓宿。石澗猶蟠翠玉虯，金函尚秘丹砂籙。我謫人間八萬秋，閒餐緣雪寄滄洲。何时揚袂九垓上，長拉浮丘汗漫遊。

謝曹能始憲長來山見贈

釋元賢

石鼓嶙峋障海東，層巒面面金芙蓉。摩崖刻石首朱趙，神光夜夜燭寒空。古來遊者知有幾？多蝕蒼烟碧蘚中。始知名節貴自立，假石何能示不窮？曹公繼起廟廊姿，歸來兩袖拂清風。八斗才高未曾試，簡編聊寄補天功。宦情久付滄江外，喜同野衲探禪宗。重布黄金開石鼓，天上移來梵釋宫。我乘業風吹到此，通霄一路寡相逢。又見祖機化魔令，陰崖白日鬼横蹤。大法垂秋僅一綫，赫赫金湯賴有公。趂閒更駕籃輿至，扶笻踏破白雲封。藻思綺句誇七步，筆光墨恠摇千峯。愧我難摶轉運日，卻羡子韶神臂弓。

遊鼓山

蔣希禹

僧廬架壑日易斜，草深洞底蟠龍蛇。奔騰欲墮雲母石，歷亂乍飛天女花。窓中下窺滄海日，巖頭常散赤城霞。憑高一嘯正蕭瑟，乘風好泛天門槎。

鼓山志卷八終

鼓山志卷九

住山釋元賢纂修

藝文志五

五言律詩

鼓山

元王翰（靈州人，行省郎中）

旭日炤高岑，天風振遠林。不分滄海色，那識白雲心。瑤樹空香滿，珠林積翠深。坐來明月上，何處起潮音？

鼓山寺

明王恭

靈源飛鳥外，岃崱翠蒙茸。雪覆經春葉，風吹度壑鐘。逢僧留半偈，習靜愛中峯。自笑紅塵裏，誰能寄遠蹤。

宿鼓山

高廷禮

夜宿白雲寺，風泉雙籟鳴。廚香花外度，燈影竹間明。水月心方靜，江湖夢轉清。談詩猶未已，東閣曙鐘聲。

鼓山大頂

鄭閻（閩縣人，教授）

絕頂臨天迥，相攜興裹過。嵐光移野席，谷籟散林珂。過雨沾衣濕，閒雲入袖多。不知滄海外，員嶠更如何？

宿鼓山

陳煇（閩縣人，副使）

聽梵來山寺，逢僧憩石樓。風泉行處滿，花竹坐來幽。谷靜鐘聲晚，潭空樹影秋。東林微月白，相送虎溪頭。

憶遊屴崱峯①

每愛茲峯勝，隣霄翠幾層。風泉宜夜聽，雲壑倚秋登。得句能忘寐，譚禪喜對僧。別來雙磵月，疎雨暗孤燈。

湧泉寺

唐溥（閩縣人）

金宮了願初，香閣騁前覩。鐘入雙樹雲，花明一潭雨。疎河遞清淺，黄葉落四五。謾展今夜歡，淩晨更延佇。

靈源洞

遊明

古洞多佳致，經遊已幾回。雲從石門起，風逐海潮來。絕壑元非澗，幽崖半是苔。興闌且歸去，長嘯出山隈。

---

① “憶遊屴崱峯”四字，黄任本作“憶屴崱峰”。

鼓山

康弘敬（泰和人，福建僉事）

聞道招提好，尋幽入翠微。天風偏拂面，雲霧自生衣。海澗春濤壯，山深人跡稀。憑高凝睇久，日暮欲忘歸。

遊鼓山

周謨（新淦人，福建僉事）

勝景不易得，登臨喜暫同。路從天外轉，山到海邊窮。澗水鳴寒玉，巖花爛曉紅。興闌回首處，明月滿晴空。

鼓山

黄鎬（侯官人，工部尚書）

行到白雲寺，山高路轉微。濤聲天外起，人跡雨中稀。絕澗寒猿嘯，深林宿鳥歸。興闌下山去，城郭掩斜暉。

其二

欲到山窮處，中峯阻雨回。鳥穿嵐影去，人逐磬聲來。古刹香拖霧，殘碑字掩苔。東溟未可望，聊待午烟開。

圓通亭

陳紀（閩縣人，都御史）

翠微雲樹擁，亭構俯嵯峨。路轉天梯上，人從木杪過。澗烟眠白鹿，山雨濕青蘿。應識禪關近，鐘聲向晚多。

遊鼓山寺

李香（分宜人，福建參政）

古寺閩中最，尋幽勝侶同。千峯見禪隱，一逕逐樵通。削壁倚蒼劍，飛泉挂玉虹。踏雲臨絕頂，長嘯海天空。

登大頂峯

探奇最高頂，危磴共攀蘿。人倚秋空立，風連海氣多。高雲隨隼翼，遠嶼落鯨波。天地憑雙眼[①]，浮生興若何？

題臨滄亭

鄭善夫（閩縣人，吏部郎中）

未暇乘桴去，憑闌且放歌。天聲過窮髮，海氣進煙波。軒組非吾願，漁樵奈爾何。靈源意不惡，去去結雲蘿。

九日，鼓山酬陳九川

傅汝舟（閩縣人）

秋日同高眺，秋懷萬里間。白為滄海浪，青入島夷山。逐客停杯酒，悲風動壯顏。去天應咫尺，誰扣紫皇關？

同九川宿鼓山

入洞風初定，乘橋月正明。斷巖流水轉，低樹濕雲行。林缺呈江練，泉香長石英。誰憐去國者，猶聽暮猿聲。

---

① “眼”，黄任本作“脚”。

半山亭（刻半山石上。）

江以達（貴溪人，福建僉事）

乾坤俯仰間，落日已千山。風急猿聲發，人從鳥道還。蕭蕭聞木葉，寂寂閉禪關。記取烟霞趣，青春好重攀。

鼓山寺

古寺蒼山半，藤蘿逕轉通。諸天雙眼近，一定萬緣空。樹密烟長翠，霜輕葉未紅。秖因窺色相，長嘯綵霞中。

喝水巖（刻喝水巖）

路忽青山斷，巖因喝水聞。尋源窺石罅，認刻爪苔紋。隱映千峯日，虛無一壑雲。松間衣袂冷，空翠濕紛紛。

大頂峯（刻大頂）

白日杳飛昇，蒼蒼俯太清。旋探朱子刻，遠瞰越王城。雲起千峰失，潮生匹練明。東山觀海處，親挈魯諸生。

遊鼓山

龔用卿（懷安人，狀元祭酒）

夕憩通霄路，晨登喝水巖。攢峯青欲滴，屹石勢如劖。宿霧侵山屐，浮嵐濕汗衫。凭欄凝睇處，海上有歸帆。

其二

鳥道捫蘿上，中天積翠芬。霧迷攢嶺樹，風逐渡江雲。一水環孤嶼，羣山抱遠村。貪奇還力健，策杖更從君。

遊鼓山，暮歸，聽鐘言別

文迪齋（高安人，永福知縣）

晚出東林寺，鐘聲送客行。微茫度谷遠，杳靄與雲平。解此塵心净，翻疑靈籟鳴。明朝入城市，應憶舊遊情。

遊鼓山

郭汝霖

春日古招提，風花滿曲溪。人從仄徑入，僧倚半巖棲。拂石懸苔字，觀濤沒海蜺。興來登絕嶠，一嘯萬山低。

石鼓春潮

葉邦榮（閩縣人，知州）

海氣偏春壯，龍門拍浪齊。閬風催練馬，島月報潮雞。净谷晴聞雨，靈源暗度霓。自憐江漢老，咫尺隔雲泥。

登鼓山，呈林天瑞

黄用中

野寺傍烟蘿，春風珠履過。步隨新雨滑，徑逐暮雲多。泛蟻酬幽賞，聽鶯應浩歌。不知歡宴夕，纖月炤巖阿。

同黄通理登鼓山晚眺

林世璧

蓮峯開寶地，竹逕隱金沙。晝靜惟聞鳥，春深滿落花。净心閒水月，幽賞澹雲霞。向夕登臨處，風煙渺萬家。

遊鼓山

林熇（閩縣人）

古寺舊曾遊，茲晨興轉幽。素心隨地遠，落葉逐溪流。歷覽窮三島，登臨俯十洲。不知瀛海上，何處有丹丘？

遊鼓山寺

林世吉

偶步風塵外，尋幽雲水間。鳥啼山谷靜，花覆石床閑。寶殿天香噴，禪窓巖翠環。地偏身自逸，談笑欲忘還。

其二

萬壑松風冷，千秋野望微。開尊雲駐席，趺坐竹穿衣。谷靜泉逾響，峯高鳥度稀。上方鐘磬瞑，歸路引斜暉。

喝水巖懷晏國師

陳宏巳

鷲峯高不極，羽客共攀登。水喝他巖瀉，雲愁半壁崩。白猿懸倒木，金鼠上垂藤。偶坐莓苔石，應懷面壁僧。

洞中憶茶園主人，兼寄陳二汝翔

不記茶園路，樵夫指鹿羣。竹樓曾避雨，茅榻共眠雲。舊主皆為鬼，同遊獨有君。因懷念年事，泉咽不堪聞。

登鼓山最高處

劉克治（南海人）

寶地金曾布，高峯峰劍削成。絺衣花雨濕，輕蓋野雲生。鼇極搖窮島，麟車下太清。還逢羨門子，松下坐相迎。

鼓山寺

徐熥

空門有宿因，歲歲往來頻。方丈墨猶濕，祇園草又新。佛應憐熟客，山但借閒人。不分居城市，紅塵老此身。

靈源洞，與微公賦

洞藏青嶂裹，路出白雲層。苔色侵禪榻，松陰暗佛燈。樹撐危石墜，藤束古崖崩。不用尋僧話，同遊自有僧。

重宿靈源洞，懷珠上人

重借蒲團宿，吾師已度杯。烟霞虛白社，衣缽入黄梅。猶憶無生偈，空餘般若臺。靈源今夜月，依舊炤蒼苔。

喝水巖，贈瓢菴頭陀

何年此卓錫？鐘磬度昏朝。瀑水引歸缽，茅菴結似瓢。躡雲雙草履，坐月一團蕉。隔寺有禪侶，相尋不憚遙。

湧泉廢寺

古寺荒涼久，淒然感廢興。殘灰六十載，破衲兩三僧。黠鼠據香積，妖狐吹佛燈。黄金重布地，不識有誰能？

其二

淨室已丘墟，荊榛久未除。空山樵子路，前代梵王居。石柱頹殘後，金身煨燼餘。披雲尋故址，一步一躊躇。

喝水巖

沈野

靈源杳莫測，入洞下堦行。有澗無泉落，為橋似地平。牕幽峯恡得，磴險甃深成。趺坐藉青草，乘涼待月明。

東際橋晚眺①

徐𤊹

石橋行客少，流水自潺湲。澗葉經秋老，野禽當暮還。潭光翻古寺，月影冷秋山。坐久塵緣息，鐘聲烟靄間。

鼓山白雲廨院

灌木千章合②，危峯插漢邊。閉雲孤院靜，扣月一鐘懸。門外苔衣路，牆頭瀑布泉。欲尋巖洞勝，不借上方眠。

鳳尾亭晚望，同閔齡

靈境梯千級，旃檀樹一雙。雲生丹鳳沼，潮滿白龍江。流水聲如鬪，前山勢似降。樵歌返林杪，斷續自成腔。

白雲洞，同曹能始

披榛行十里，境界剖鴻濛。屋嵌厓陰裏，洞攢雲影中。石門低礙背，磴道矗當胸。莫憚經巇嶮，元無別路通。

---

① “眺”，黄任本作“坐”。

② “章”，黄任本作“草”。

喝水巖夜坐

入洞天疑狹，偏逢月湧東。步尋林影外，吟傍澗聲中。趺坐僧堪對，頻遊侶不同。松風與仙梵，永夜聽難窮。

靈源洞汲泉煮茗，摩厓觀蔡君謨題刻，乃慶曆丙戌仲秋八日，予至亦以是日，遡自蔡君遊日計五百八十餘年矣

呼童攜茗具，古澗汲寒泉。活火烹林際，團蕉坐石邊。長空無過鳥，疎樹有涼蟬。細讀名賢蹟，苔侵六百年。

過調象菴，時越公住建州寶善菴閉關，前月有書見寄懷之

棄儒來學佛，習寂傍孤峯。勝地堪投足，他山又寄踪。尺書憑鴈至，丈室借雲封。不得逢僧話，門前獨看松。

宿靈源洞

謝肇淛

古洞翠為屏，山門夜不扃。燈明僧入定，風暗虎聽經。壁上雲根紫，松間鬼火青。禪心誰得解？桂子落空庭。

鼓山歸舟中作

絕頂尚氤氳，歸程已落曛。舟迴門外樹，人出袖中雲。峯影看時失，鐘聲乍可聞。煙霞吾欲老，不用更移文。

戊申秋日宿白雲廨院，因憶舊遊呈徐興公

寶地枕靈峯，閒雲逐戶封。夜潮半江水，寒雨五更鐘。野色不到寺，秋聲多在松。風塵二十載，何意復相從。

尋靈源

錢行道（長興人）

徑迷清磬引，衣薄白雲添。澗水梳青髮，松風落紫髯。池吞煙影澹，谷應鳥聲恬。彷彿天台路，桃花臥短簷。

靈源洞

袁敬烈（閩縣人）

深山一鳥鳴，百道亂泉聲。古院有僧住，野田無主耕。漁燈沙際起，明月渡頭生。入夜疎鐘寂，泠然忘世情。

白雲廨院

曹學佺

叢林露曙光，雲氣密蒼蒼。古洞尋猶遠[①]，飛泉坐可望。舊遊思舊歲，重到是重陽。野草知幽意，翩翩鬬菊黃。

東際亭

此際將登嶺，深林待日迴。卻於山寺外，便有野亭開。靜聽泉吟石，閒隨鳥步苔。半巖僧已下，聞客喜歸來。

半山

斜日肩輿上，諸天眼界開。江光時向背，嶺路乍瀠迴。瀑雨非今下，松風自遠來。行行山已半，幾處瞑鐘催。

---

① “古洞尋猶遠”，黄任本作“浄室尋猶得”。

遊靈源洞

削壁半苔蘚，名賢多紀遊。石橋横洞腹，茅屋挂泉頭。林氣初迴霽，江容轉入幽。昔時宴坐者，應喜客淹留。

遊天鏡巖

邵捷春（閩縣人，大中丞）

似鏡初開匣，依巖别結庵。懸泉吹作雪，飛翠鬱成嵐。未許輕雲點，惟容片月含。虚明堪獨對，俗客那同參。

題積翠庵

翠積庵前路，松栽憶昔年。誅茅聊避石，洗竹忽逢泉。雲碓分鐘外，風瓢著枕邊。琮琤鳴不斷，清韻更無絃。

林孔碩挂瓢堂

隱豈同和靖，山還買許由。風高濤亂瀑，日冷夏疑秋。徑草盤階長，巖雲傍檻流。文心與禪意，相對自悠悠。

石帆溪中

買山饒好事，獨此未開林。遠澗雙流會，重江一面臨。峯迴如合抱，洞閉自成陰。丘壑吾將老，何時愜素心?

同應子問遊石帆

尋僧因暇日，卜地問安居。水近宜乘艇，泉通省鑿渠。半畦供秫稻，三畝足園蔬。此意誰能會？惟君或起予。

石鼓觀潮

林懋和

屴崱峯頭望，春潮海上來。雪濤紛浴日，烟島渺浮杯。怒湧沉雙馬，奔騰沸萬雷。誰為龍伯手，生掣巨鼇回？

重遊靈源

陳堯典

古洞倚巖阿，招尋幾度過。言從香界隱，其奈俗緣何。暝色浮夷島，秋陰澹女蘿。獨憐雙鬢短，年歲易蹉跎。

鼓山下院

蔣希禹

清露薦秋爽，輕風散曉晴。遊人聯騎至，衲子下階迎。旛落風前影，鐘流雲外聲。伊蒲僧飯罷，趺坐話無生。

其二

作宦多休暇，尋僧結勝遊。風能滌殘暑，時正及中秋。山勢到江盡，泉聲咽石幽。由來戀丘壑，不為白雲留。

其三

千峯蟠古刹，雙樹瞰虛亭。錦石堪雲臥，風泉入晚聽。穿林斜炤紫，隔浦亂山青。倚壁看題詠，翛然酒欲醒。

湧泉廢寺

安國賢

灰燼前朝寺，山門覆亂藤。碑從叢莽認，路向落花登。撥翠多樵子，翻經少衲僧。廢興那可問，空對一龕燈。

登喝水巖

釋大巘

雲磴如鱗砌，扶筇縱步行。水從龍口出，松倚石痕生。濃樹藏嘉羽，層巒疊翠屏。懶談西祖意，獨對遠山明。

過積翠庵

陳鴻

茅庵投宿處，寒色易相侵。窗外野雲暝，磬中山雨沉。衆泉穿石落，諸壑冒烟深。絕頂明朝路，微微未可尋。

宿鼓山鳳池

釋方淨

峯遶數千匝，雲埋幾萬重。方塘剛八尺，寒水自三冬。曾說來儀鳳，還疑有臥龍。夜深殊不寐，誰扣月邊鐘？

僉閫安蓋卿招同糧藩夏國山、守藩施曠如、海憲劉長石、巡憲梁霖海、僉閫金石腴偕遊鼓山，諸君子各命予言，以紀茲遊之盛

郭之奇廣東人，提學

出廓初蕭散，幽深遂及山。新霑青野色，徐就白雲關。攜伴俱風雅，開樽得靜閒。微醺思更陟，所畏夕陽還。

其二

未能居木石，豈敢避烟雲。猿峽秋聲合，龍泉暮液分。羣心方共得，幽意莫徒欣。更向靈源去，依稀喝水聞。

其三

便合從茲住，蕭條問《法華》。周身惟土石，餘意付烟霞。招隱幽叢桂，懷人白露葭。只疑山色外，一往意何加。

其四

捫蘿穿宿霧，淩頂出天風。日動飛煙外，海流積氣中。方思循曠邈，何處界空濛？目盡東南際，遊心亦有終。

遊湧泉寺

楊觀

林杳石門通，攢雲擁梵宮。松花天際雨，溪瀨樹頭風。拂石捫蝌蚪，跨梁踏宛虹。虎溪猶未過，瞑色萬峯中。

重至湧泉，登大頂峯望海

正有淩雲思，登臨覺迥然。大風扶海日，遠樹擁朝烟。塵隔三千界，峯連尺五天。蓬瀛在何許？我欲挾飛仙。

山行遇雨，還次石帆堂

高興故雲劇，淋漓亦有情。一身湖海氣，萬壑鼓鼙聲。雨洗雲皆净，泉摧石欲行。東山猶可戀，何以答蒼生？

與同社諸子遊白雲洞

爽氣開林薄，偏逢九日遊。秋光流砌菊，楓葉澹江舟。吟鳥頻窺客，崩雲欲打頭。平蕪千里目，萬壑翠烟浮。

孟冬望日，同齊儀魯任弟宿鼓山下院

入暝初聞磬，空山月滿林。砌蛩吟露葉，龕火冷禪心。古木撐危壁，幽泉咽素琴。不愁寒夜永，夢與白雲深。

重九宿積翠山掛瓢堂聽雨

林之蕃

偃仰石牀上，尋詩當卧遊。千山風喚雨，獨客夜吟秋。濤湧松成海，雲沉屋作舟。不知籬畔菊，潦倒可能留？

雨中登白雲洞

春盡别山去，茲來特為秋。何妨一笠雨，添得眾溪流。草濕徑愈險，林深寺轉幽。老僧聞屐響，倒屣迓巖陬。

積翠菴

鄭心崇

菴以松能翠，山因澗益幽。濤聲驕欲雨，石魄冷先秋。僧發中峯磬，樵傳半嶺謳。何當解塵鞅，扶杖數來遊。

自下院登靈源洞遇風

古路迷苔蘚，尋僧竹裏行。狂風衝鳥道，恠石瀉泉聲。洞隱寒猿嘯，山侵落炤明。溪香浮澗草，來往襲人清。

坐國師巖

敲詩坐巖畔，涼露滴衣清。月白澄潭影，山空足虎音。孤松凝夜翠，絕壑送秋聲。不覺桂花落，石牀雲氣平。

白雲洞

峭壁藤陰護，嶔嶔屐齒迷。洞幽雲自鎖，山僻鳥空啼。峯蔽疑無寺，林喧恠有溪。老僧行已慣，笑客費攀躋。

重遊靈源洞

葉惇彦

為愛靈源洞，經旬兩度過。羣峯浮暮靄，一水漾晴波。拂地雲光合，看山月色多。清樽聊適興，長嘯復狂歌。

天鏡巖

釋智誾

扃秘靈奇久，鴻濛忽啟藏。巖吞江霧白，泉灑洞門涼。鏡可容天面，窓惟貯月光。道人何所見？一鳥過滄浪。

季夏八日，同本智、洞微二師遊喝水巖

釋元賢

喝水聲消久，虚名尚寄巖。徑危攲峭壁，江渺小孤帆。探洞知源遠，觀詩嘆蘚緘。迎風坐磐石，微韻出松杉。①

秋日撝謙居士來山索賦

屴崱峯前立，海天何渺茫。斷烟迷遠樹，秋水澹斜陽。植杖聽泉落，倚巖聞桂香。憑高無限意，一笑白雲傍。

① 元賢《永覺和尚廣錄》卷二十四收有此詩，題同，惟“巖”下尚有“次韻”兩字。又，詩中“寄”作“有”，“攲”作“欺”，“觀詩”作“摩題”，“迎風”作“攜朋”。

秋日，過邵練要居士石帆堂

鼓巘多奇麗，茲丘最賞心。江帆時入座，石笋自成林。磵險鳴寒玉，山幽噪暮禽。迥超塵世外，況又值秋深。

其二

異境驚初闢，山僧媿始遊。雲根露鳥背，石髓濆松頭。葉落峯逾瘦，嵐深澗轉幽。西風蕭颯至①，猶喜暮烟收。

山齋初成，辱永大師同諸上人左顧，隨錫佳篇，謹步韻奉答

邵明俊

愧無遺世韻，長抱入山心。屋角懸新瀑，牆頭簇遠林。氣黃潮帶雨，霧白樹藏禽。自得高僧賞，幽棲興愈深。

其二

小築惟棲隱，難招好客遊。泉根穿石脉，樹影卧巖頭。天曠雙江小，松攢一逕幽。不堪供杖履，何幸錦囊收。

重遊靈源洞

黃若庸

一入靈源路，依然蘿薜深。山光浮遠渚，秋色到平林。泉發經年響，松垂數里陰。石橋談往事，不盡十年心。

---

① 元賢《永覺和尚廣錄》卷二十四收有此詩，詩中“蕭颯”作“颯颯”。

五言排律

甲子孟夏，陪林膳部遊鼓山

明周玄

五季開皇運，三峯遶佛筵。雲霞通寶地，日月麗金天。石罅泉源出，山迴漲海連。麥風銷碧氣，梅雨布蒼烟。夏屆裁衣候，宵分捲幔前。攀崖如過鳥，入洞訝逢仙。道喜傳燈久，名推射箭賢。談空超物累，習定契僧禪。大化應知寂，微生欲頓捐。軒車待明發，回首更茫然。

登鼓山寺

鄭閣

冠蓋臨清境，攀躋契夙心。懸崖宜遠望，邃谷稱幽尋。石逕蒼苔合，珠林古木陰。斷雲行處濕，落葉坐來深。白酒甘如蜜，黃花色勝金。興來還倒屐，醉後即長吟。秋色連雲暝，鐘聲與日沉。林烟迷去路，石籟瀉鳴琴。

遊鼓山寺

錢璡（鄞縣人，福建副使）

最愛招提境，平臨苈崱嵬。上方行日月，下界俯雲雷。澗繞諸峯轉，崖分兩壁開。化城閒永晝，靈洞絕纖埃。複磴琉璃滑，重巒錦繡堆。風濤連萬國，雲樹近三臺。碑古迷荒草，泉馨泛落梅。傾花如舊識，飛鳥若追陪。塔影藏濃藹，鐘聲徹遠垓。水流何處去？松老是誰栽？梵語飄風外，香烟散嶺隈。洞龍聞法起，巢鶴聽經回。福地誠何有？祇園安在哉。市朝徒共厭，徑路久無媒。陟險援青蔓，尋幽破綠苔。晦翁詩尚在，潘岳賦誰裁？迢遞淩丹閣，徘徊步玉台。山僧供茗至，野叟獻芹來。酌酒延清賞，題詩奈薄才。東風如有意，西炤又相催。

鼓山

康麟（順德人，福建僉事）

梵王開寶刹，宛在福城東。上界無人到，三天有路通。林巒分杳靄，臺殿隱冥濛。琪樹森千尺，曇花落半空。靈源通石洞，喝水出龍宫。畫壁丹青古，鐫崖翰墨工。嵐光濃淡裏，燈影有無中。舞鶴偏迎旆，降龍故避驄。追遊人似玉，談笑氣如虹。萍水他鄉會，琴尊此日同。供茶來老衲，獻果走奚童。俯覽羣峯秀，回瞻大地雄。簪花慚鬢白，對酒笑顔紅。論道懷朱子，參禪憶晏公。題詩增感慨，誰遣碧紗籠？

登鼓山

許仕達（歙縣人，福建參政）

幾年聞勝地，今日始同遊。越國山川壯，螺江烟雨收。靈源長不斷，喝水自迴流。梵宇惟宜夏，僧房易及秋。飛花當座落，香霧隔窓浮。巢鶴松偏老，潛龍洞更幽。何須尋海島，此處即蓬丘。①

遊鼓山

林世璧

高嶺遍諸天，登臨小萬川。梵聲林外出，天樂洞中懸。野逕生芳草，靈源響亂泉。山花朝映日，巖樹晝含烟。際海雲霞迴，

① 黄任本詩前有小序："天順己卯春二月望後一日，餘因陞官東魯，偕知己舊同寅參政劉公登鼓山寺。是日也，宿雨初收，萬景明媚，余與劉公情興無已，偶成聯句，未足為詩，聊以紀事云耳。"

遥空島嶼連。芳靈邀翰墨，遺蹟仰神仙。法雨晴猶滴，香芝晚盡妍。不知鸞鶴馭，何處更翩翩？

其二

兹山何冉冉，慣與眾僧遊。一夜經春雨，千巖響瀑流。寶花香自墜，黄鳥晚相求。萬壑松陰瞑，三天爽氣浮。賞心躭寂滅，高興得林丘。紺殿烟霞靜，玄門日月留。海天都忘暑，雲樹欲淩秋。轉覺吾身妄，儒冠秖自羞。

陪龔祭酒遊鼓山

仙島鬱崔嵬，乘閒此日過。山花迎羽蓋，谷鳥雜笙歌。梵宇依林樾，巖亭蔭薜蘿。眼中滄海小，衣上白雲多。曠野千峯暮，遥空萬象羅。翻慙賓從後，揮袂接星河。

茶園

吴兆

千迴源壑裏，人有避秦風。汲井垂鬟女，耘田負曝翁。葉紅收柏子，花白老茶叢。豕笠深篁隔，雞塒鄰壁通。雲光搖樹杪，海氣結窓中。因失尋山路，指余更向東。

遊鼓山

何喬新

雲山何巀嵲，高瞰弱流東。萬井喧俱寂，諸天路可通。松雲春黯黯，花雨晝濛濛。浴鳳池波冷，潛龍石竇空。祇園珠作樹，梵刹玉為宫。細草承香轂，垂楊繫玉驄。沉烟凝瑞靄，寶焰炫晴空。已喜朋簪盍，還憐意味同。繡衣來上客，華帨待羣童。對奕慚予拙，論文羨子雄。鶴隨飛珮舞，花映醉顏紅。綠業嗤禪伯，風流仰謝公。詩成神鬼護，何必羨紗籠？

登屴崱峯

張燮

徑複梯疑盡，巒危屐故遲。雲開見石鼓，風急倒雲旗。崔嵬齊華頂，逈絕俯峩眉。居高無伯仲，稍霽辨華夷。海氣朝蒼莽，毫光晚陸離。遊來躭藉草，仙去任鋤芝。薦爽山裀澹，迎涼客帽欹。霓裳時奏曲，樵斧或看棋。鐵瓦亭何處？金丹竈有之。散花容帶雨，剗蘚為尋碑。王椽那須哭，愚公竟莫移。杖攜今到極，漫問化龍時。

白雲洞

林尚銘

千盤凴鳥道，百折下羊腸。洞口青苔厚，山中白晝長。嵓花迎客笑，野鶴向人翔。霧斂峯巒紫，雲歸霄漢蒼。籬筠疎作障，斷碣駕為梁。簷溜晴猶滴，松風午亦涼。行來空俗慮，到處惜春光。棄業尋緇侶，焚香禮法王。供分猿獻果，食乞鼠餘糧。此地真堪樂，勞生祇自傷。

鼓山志卷九終

鼓山志卷十

住山釋元賢纂修

藝文志六

七言律詩

靈源洞

宋李覯（南城人，太學說書）

朝出城東逕委蛇，漸攀籐竹漸臨危。伏流似是龍藏處，古樹應無春到時。誰把石厓齊剗削，直教雲氣當簾帷。良工畫得猶宜秘，莫與凡夫肉眼窺。

鳳池山

曾 鞏（南豐人，知福州）

經年聞說鳳池山，蠟屐方偷半日閒。笑語客來朱閣上，醉醒身在白雲間。溪橋野水清猶急，海岸輕鷗去卻還。為郡天涯亦瀟灑，莫嗟流落鬢毛斑。

同林擇之、姚宏甫遊鼓山，紹熙辛亥九月廿日

趙汝愚（餘干人，知福州）

幾年奔走厭塵埃，此日登臨亦快哉。江月不隨流水去，天風直送海濤來。故人契濶情何厚，禪客飄零事已灰。堪嘆世人只如此，危欄獨倚更徘徊。（刻石門左。）

遊鼓山

黄 軺（邵武人，郡丞）

鼓山萬仞鬱岧嶤，東瞰滄溟勢轉高。尺五去天摩象緯，三千擊水駭波濤。攜筇古洞淩蒼蘚，瀹茗靈泉泛紫毛。暇日元戎追勝賞，暫陪笑語釋塵勞。刻靈源洞門。

遊鼓山

史季温

上到璚峯第幾間？御風騎氣眇人寰。天高陡覺星辰近，地逈偏饒日月閒。去海茫茫疑十里，望州隱隱見三山。武夷榜墨千年在，任使重厓蘚字斑。（刻龍頭泉。）

遊鼓山靈源洞

趙汝珣汴人，郡丞

暫攜朱墨上崔嵬，興出烟雲眼界開。無策便回流水去，有緣亦到鼓山來。慚非方外狂司馬，喜識僧中老辯才。自笑平生少閑適，又驅俗駕入塵埃。（刻靈源洞。）

淳祐辛酉立秋後一日遊鼓山

釋癡絕

野徑斜連石澗傍，草根呢呢語寒蛩。郊原經雨多秋意，庭院無人自夕陽。風捲暮雲歸碧嶂，葉隨野水入寒塘。數家籬落楓林外，枳殼垂青菊綻黃。（刻大頂峰。）

登鼓山，用餘干趙相韻

劉克莊

城郭區區一聚埃，江山如此信佳哉。挾龍相國騎箕去，招鶴仙人弭節來。試問炊粱成短夢，何如煨芋撥殘灰？危亭更看文公扁，日落山空未忍回。

題鼓山靈源洞，柬鏡公堂頭老禪，時嘉定甲申閏八月望日

鄭昭先（閩縣人，參知政事）

鼇頂雙峯障海流，天開勝槩冠南州。江流澄徹通河漢，梵宇高寒逼斗牛。雲氣吐吞疑欲雨，松陰蒙密不知秋。此山佳處應須記，已辦青鞋約再遊。（刻石門右。）

鼓山

鄭 江（新安人）

攜檄來遊石鼓山，島洲疑望有無間①。天根潮落海門出②，洞口雲深月戶關。名揭君謨椽筆健，詩留子直翠珉斑。古靈更有碑三字，㭊崱須登莫倦還。（刻靈源洞。）

---

① “間”，黄任本作“問”。

② “根”，黄任本作“江”。

與諸禪同遊鼓山靈源洞

李彌遜

啼鶯喚起清晝眠，澗松巖竹談幽禪。秋曦忽隨壯士臂，暮景已入詩人肩。塵緣咄咄魚吞餌，勝事堂堂駒著鞭。屐齒欲回還小立，隔烟明滅見江船。

題天風海濤亭

林希逸

亭後千尋屴崱峯，亭前萬里見晴空。山藏落炤生新月，海漲輕濤帶晚風。世事浮雲變今古，客遊鑱石徧西東。近簷溜雨霜皮栢，卻是渠曾識晦翁。

江上望鼓山

元黃環侯官人

萬嶂雲收石逕迴，上方樓閣鬱崔嵬。谷深雨潤秋凝竹，江遠霜飛月在梅。幾夕殘鐘清梵浄，數聲寒笛夜漁來。幽棲盡日稀人跡，惟見藤花落碧苔。

至元戊寅八日，同永嘉劉儼孫同登大頂峯，訪靈源洞，挹天風海濤之勝，賦此一律

郝彥澤（幽州人）

趂晴驢背穩如船，直走東峯屴崱巔。風送海濤來異國，人從石磴上青天。雙江漂練硖煙下，五虎當潮夕炤邊。[1]何日英雄洗兵

---

① “雙江漂練礴硖煙下，五虎當潮夕炤邊”。黄任本作“環閩勝概歸胸次，帶水準疇盡目前”。

馬？放余來此傲林泉。刻靈源洞。

遊鼓山

王惲（汲縣人，提刑按察使）

筍輿同駕躡巃嵸，冷帶秋聲入白雲。雪竇有禪容暫叩，名山無分與平分。雲憐嶺斷聯松蔭，雨惜題芳護蘚紋。會約贊公同借榻，鼓音同向夜深聞。

其二

複嶺重岡奠七閩，鼓山東峙最崇尊。嶼亭詩好風濤湧，靈洞龍移窟宅存。千尺翠屏宜晚對，一泓滄海儘難吞。雲烟稇載歸時晚，月偃松梢玉一痕。

遊鼓山

明王恭（駙馬都尉）

絕頂珠林出半天，靈源鐘磬翠微連。平蕪下界孤烟外，遙海寒濤獨鴈邊。雲度佛香清鶴夢，風傳仙梵醒龍眠。西遊自笑塵蹤遠，那得閒身此問禪。

其二①

高亭上與翠微連，漠漠風濤際海天。吴越百城飛鳥外，琉球孤島斷雲邊。靈巖洞古人稀到，青草池空鳳杳然。深愧遠公相問訊，自非玄度亦逃禪。

---

① 黄任本題作“遊鼓山天風海濤亭”。

登鼓山寺

趙　廸（閩人）

車騎追遊到上方，金宮鐘磬藹林塘。彩雲寶地通霄逈，翠壑松濤入海長。蘿逕引盃山鳥下，石廚供饌磵泉香。空堂清梵沉沉夕，共聽三生色相忘。

登鼓山寺，呈用明禪師

宋玄禧（餘姚人，福建主考）

棘闈半月閑秋暑，巖寺幾程登暮雲。勝地江山兵後見，高天風雨客邊聞。送師東海新春別，秉燭南州靜夜分。賓主三生端有契，靈源重會讀吾文。

洪武庚戌秋八月，同廬陵蕭受益、王禮、劉于，上饒余善同遊鼓山

吴　毅（建昌人）

全閩第一峯頭寺，積翠岧嶢控海隅。鐘磬遙聞通上界，江山俯視隘中區。楓林翳日秋容綠，松磴盤空石勢紆。更挾天風淩絕頂，扶桑東望曉模糊。

鼓山和王安中

步從石磴費攀緣，來扣松關問老禪。一徑樹陰秋雨後，半間塔影白雲邊。星分水國開蓬島，風捲烟濤漲海天。此日登臨無盡思，揮毫題石記華年。

登大頂

劉　于（廬陵人）

石磴通霄鬱古松，禪林日暮遞疎鐘。月華近落滄溟水，雲氣

高浮屴崱峯。地控諸番分島嶼，潮生巨海混魚龍。古來墨客多題詠，字結蛟螭翠蘚封。

遊鼓山

陳壽卿長樂人

石磴攀緣上九天，同人環佩喜相連。招提更在空青外，祇樹遙分紫翠邊。花落苔香隨鳥啄，雲深洞古任龍眠。自慚飄泊紅塵裏，何日從師一問禪。

和孫廉使遊鼓山

鐘元長（名耆德，以字行，閩人）

梵王宮殿倚晴空，犖犖羣山駐鐵驄。月色不流滄海水，鐘聲長度石門風。超凡閣冷朝霞外，浴鳳池寒夕炤中。前後登臨為惆悵，惟餘山色古今同。

登屴崱峯

鄧定

杖策登臨思欲飛，江雲汀樹遠依依。天邊島嶼分諸國，木末樓臺隱翠微。日暮乍聞樵唱起，潮平初見客帆歸。此中結屋宜深處，便欲投閑飽蕨薇。

寄鼓山如公

十年不到白雲樓，何日題詩紀勝遊？屴崱鐘聲天外度，峽江帆影雨中收。別來故舊猶青眼，老去風塵總白頭。欲向禪房分半榻，吾師還肯暫相留？

臨滄亭

唐泰（閩縣人，僉事）

縹緲危亭際海頭，昔年曾此賦清遊。初暘絕島生殘夜，極浦遥天接素秋。杖錫到來山虎伏，衲衣已被白雲留。憑高日暮堪乘興，烟景蒼蒼綠水洲。

陪潘祀部遊屴崱峯

周玄

化城東畔大江流，江上涼風雨未收。南國詞人期載酒，漢宫仙吏更移舟。寒燈雙樹空濛見，瑞靄諸天積翠浮。鞍馬向西歸興動，不應歌舞更淹留。

賦得屴崱雲

錢仲宜

靈境高層逼上台，幽亭縹緲白雲堆。天風不散秋陰積，海宇初殘夕炤開。靄靄經簷浮薄霧，溶溶繞棟隱輕雷。遠公廬阜遊應徧，飛錫還從此地來。

鼓山寺

高恭

梵宫高枕碧芙蓉，蘿逕迢迢紫翠重。萬壑泉驚秋後冷，五更鐘報日初紅。粤城俯視旌旗動，海國遥知禮樂同。老眼欲窮千里外，題詩鳳沼倚天風。

遊鼓山寺

鄭 憲（閩縣人，通判）

島嶼迎寒暝靄浮，珠宫勝槩喜追遊。鐘殘月上旗峯久，木落天空鏡水秋。蘿逕乘雲行漸香，松濤雜雨聽來幽。秖今欲結東林社，自愧才非慧遠儔。①

遊鼓山

王 堅（長樂人，僉事）

粵江南去郡城隈，屴崱東連紫翠開。萬里烟雲浮海島，九天金碧現樓臺。石門路向松關出，喝水源從鳳沼來。自嘆此身還衣繡，無繇聽法坐莓苔。

鼓山送别

林 慈（長樂人，國子博士）

化城祇樹接諸天，萬壑千崖紫翠連。薄暮猿聲松嶺外，新年草色藥欄邊。静聞仙梵因風度，醉盍朋簪枕石眠。明日又登金馬去，何緣此地共談禪。②

遊鼓山

陳 顥（長樂人，僉事）

對酒平臨百尺欄，倚欄吟望海天寬。雲連樹色兼秋遠，風帶

---

① 末后六句，黄任本作“鐘殘月上旗峰雨，一派銀光淡複濃。故壘風煙猶在目，碧巖仙跡本無蹤。憑闌天地虛今古，控鶴還將訪赤松。”

② 黄任本作“化城祇樹接人天，萬壑千巖紫翠連。薄暮猿聲啼不盡，新年草色入無邊。静聞仙梵花前度，醉盍朋簪石上眠。明日又登金馬去，何因此地共談禪。”

濤聲入夢寒。竹逕泉香馴鳥下，石床花落老僧閑。登臨不是躭吟賞，浮世重期勝會難。

重遊鼓山

步入松陰十里苔，寺開天半絕凡埃。靈源翠接秋天遠，大頂雲隨暮雨來。萍梗自憐如夢幻，琴尊共喜客懷開。凭高更覺心如洗，下視螺江水一杯。

遊鼓山

邵銅（閩縣人，知府）

眾山環抱樹重重，路入烟霞杳靄中。金殿孤撐淩絕巘，石門雙峙聳晴空。靈源冷透千巖碧，古木陰森萬壑風。自愧塵勞羈絆久，難將身世問禪翁。

陪李直指遊鼓山

鄒昱（成都人，福建布政）

承平百粵事應稀，適興同君陟翠微。馴鳥如迎仙客至，曇花故繞定僧飛。峯頭曉日明朱戟，洞口春雲拂繡衣。如此清輝看不厭，令人惆悵澹忘歸。

登屴崱峯

黃澤（閩縣人，布政使）

屴崱峯高紫翠深，閒隨飛錫到雲林。橋邊草露沾行屐，磵外松風度梵音。霄漢昔勞青帳夢，烟霞今遂白頭心。忘形共了三生約，蓮社相過日抱琴。

鼓山

張士諤（瑞安人①，福建試官）

蕭瑟西風已暮秋，三年得遂鼓山遊。日籠樓閣金如洗，雨過峯巒翠欲流。萬頃雲濤聯渤澥，一毫烟島見琉球。舉頭咫尺天門近，兩腋清風不少留。

宿湧泉寺

彭 春（蘇州人）

海霞飛上嶺頭松，下界時聞出定鐘。寶刹淩空超萬象，香林積翠擁雙峰。銜花每見聽經鹿，臥鉢猶存護法龍。久欲攀躋應未暇，蒼苔滿逕白雲封。

屴崱峯晚眺

陳 煇

乘幽獨上最高峯，澤國山河四望同。島嶼潮來天接水，海門日落樹連空。僧歸遠寺疎鐘後，木落寒山積雨中。更向巖前一長嘯，松濤十里送秋風。

陪王、袁二御史遊鼓山

久慕清遊到此山，幸陪驄馬一躋攀。半空樓閣諸天外，大地山河落炤間。巖湧曲泉通石澗，雲隨飛鳥下松關。繡衣遍覽留題去，林壑生風振珮環。

① “瑞”，黄任本作“里”。

登鼓山

劉敷（永新人[1]，福建布政）

天風吹我上山巔，遐眺滄茫思渺然。金剎高臨飛鳥外，璚峯迴出夕陽邊。掃苔細讀題詩壁，瀹茗頻斟卓錫泉。坐久不知歸路晚，前溪明月已娟娟。

湧泉遲劉、阮二君從大頂還，不至，戲柬二首

遊明

聞說仙源有路通，偶因劉阮訪遺蹤。穿雲不避巉巖石，乘興還登屴崱峯。鳥外遙空連渤海，山頭紅日下高舂。一時誤作天台境，流水桃花思幾重。

步入靈源一逕通，白雲深處覓仙蹤。隨緣且飽胡麻飯，縱目須登大頂峯。瀛海微茫閩越小，煙霞杳靄夕陽舂。卻思晨肇當年事，知在天台第幾重？

靈源洞

釋古鑑

西風林葉滿山飛，片片晴霞綴衲衣。泉咽靈巖如有意，雲閒幽壑自忘機。虛亭霧鎖欄杆濕，古洞苔封磴路微。世事悠悠誰可道？幾人來此坐忘歸。

鼓山

杜庠（吳縣人，進士）

尋到僧房扣竹扃，鳥鳴花裏喚人醒。石泉寒浸松杉翠，海國

① “永”，黃任本做“水”。

微分島嶼青。水月靜中神晏室，天風高處晦翁亭。登臨讀徧前朝字，徙倚危闌對晚汀。

鼓山

嚴 端（寧波人，兵部員外郎）

羊腸為路石為峯，樓閣參差知幾重？遊客應愁蒼蘚滑，定僧每受白雲封。人誇子直新詩句，我愛文公舊筆蹤。落日可憐留不住，躋攀未盡已鳴鐘。

成化庚寅春遊鼓山

楊 成（閩縣人，御史）

石路無塵野思清，春風扶杖薜蘿情。雲邊萬樹高低出，鳥外羣峯遠近明。過客留題崖有篆，老僧入定澗無聲。夜深更向招提宿，十里東林片月生。

登鼓山

王 俊（閩縣人，參政）

名山勝跡千年在，半世浮生此日來。松逕樹多長礙日，石崖字古寢生苔。泉移喝水空巖靜，雲散靈源古洞開。薄暮天風何處起？逢逢東際海濤迴。

登大頂峯

林謹夫（閩縣人，同知）

振衣空際氣橫秋，絕勝匡廬頂上遊。對酒俯看飛鳥背，揮毫低拂宿雲頭。天連海外浮三島，地擁閩中控八州。長嘯一聲巖石墮，清風萬壑響颼颼。

鼓山和王寅夫

鄭 瓘（浙江人，閩學訓導）

昔曾與客一扶笻，縹渺乘雲上碧峯。醜石吼風雄萬虎，老松挐雨戰羣龍。懸崖冷瀑布垂千丈，古洞寒烟悶幾重。① 遠想山容應似舊，落花深掩鹿麋蹤。

其二

禪心久已厭塵氛，忽復名山對夕曛。峯戟摩天遐邇見，海濤動地古今聞。老松巢鶴枯生菌，野鹿銜花濕帶雲。剔盡莓苔尋古蹟，巖頭閑立石將軍。

鼓山

蔡天祐（睢州人，福建僉事）

獨立青霄望海東，飄然萬里御天風。潮聲乍湧春雷壯，雲氣輕籠曉日紅。秦帝石邊蓬島隔，越王臺上綺羅空。徘徊覽勝兼懷古，歸路林鵶度夕鐘。

題白雲亭

周 宣（莆田人，布政使）

十日春山兩度遊，坐臨平野思悠悠。城烟近帶千山雨，島樹寒生六月秋。塵夢豈知滄海變，野心直被白雲留。便須跨此天風去，

---

① “懸崖冷瀑布垂千丈，古洞寒烟悶閟幾重”，黄任本作“半巖瀑布垂千尺，絕頂亭台矗幾重”。

飛上孤峯最上頭。

登鼓山

張天顯（閩縣人，教授）

勝日尋幽古寺來，松風吹冷法王臺。雲中一水白飛練，鳥外數峯蒼點苔。影落曇花僧已老，聲傳金錫鶴初回。扶笻頻步天池望，萬國無塵心眼開。

陪林見素都憲遊鼓山

謝廷柱（長樂人，僉事）

羣公多暇趁春朝，為愛清遊近紫霄。風送亂松喧澗道，雲生絕壁礙星杓。前朝霸業龍臺古，隔海仙山鶴馭遙。此日憑高瞻北極，西南妖祲喜全消。

寒食與傅子登鼓山

鄭善夫

絕頂天風雲亂飛，海門高浪拍春衣。霸圖王氣東南盡，堯韭秦花天漢稀。此地賞心惟汝共，萬方愁目欲何依？要知寒食山中意，萍梗江湖幾是非。

遊鼓山

傅汝舟

徙倚蒼巔看海東，逢逢石鼓震天風[①]。茗杯初泛松花綠，丹竈曾燒柿葉紅。弔古有懷應拜石，憑高無計欲書空。俗情更覺雲林遠，

① “逢逢石鼓震天風”，黄任本作“下方無地不驚風”。

來聽晨雞與暮鐘。

從汪郡公登鼓山值雨駐小頂

天入翠宮低窈窕，洞迴滄海倒巃嵸。山林到處宜狂客，風雨閑遊接上公。共倚短筇千澗底，獨穿高木萬烟中。觀濤更進雲邊酒，待月思眠石上楓。

酌大頂峯

大頂崔嵬星漢邊，亂峯低落酒杯前。三洲波浪搖寒日，四野山河起靜烟。異域獨驚浮海客，長林遺恨渡江年。峰外林浦，少帝曾駐蹕①。高風況復飛黃葉，共羨冥鴻入遠天。

鼓山白雲湧泉寺災，感而有作併序

黃用中

鼓山傑勝，實背予居。古寺幽巖，尤多雅況。向曾擁卷蘭若，飽飫烟雲。自風埃易念，林壑長違。雖身世總憐籠內，然夢魂每戀松間。比壬寅二月之十三日也，予病煩不寐，夜起披衣，覺遠焰燭梁，開櫺駭視，則近峯紅映東南矣。初謂樵兒舉燎，遺爔荊榛，未為深念。迨曉，鄉人來告，謂寺已焚，駭嘆交生。扶病走視，則簷箱胥泯，煨燼猶噓，惟一二殘僧，對予隕涕而已。興悲無極，漫有短章，用敘所繇，備紀歲月。

白雲古寺枕巖隈，把酒看山幾往迴。一夜狂飇噓烈焰，千年靈跡化飛灰。荒涼滿眼無僧住，瓦礫盈庭有鹿來。從此登臨俱草莽，繁華銷歇不勝哀。

---

① “少帝”，黃任本作“宋端宗”。

同林天瑞遊鼓山

頻年江海厭飄颻，山寺重過思轉饒。光射龍湫巖湧日，潤蒸鼇背海生潮。垂帷已願同玄豹，歌鋏還教敝黑貂。總為遐心辜聖代，寂寥桂樹漫相招。

遊鼓山

林庭楧（閩縣人，同知）

偶隨芳草訪禪關，乘興還登萬仞山。黃鳥有情留客醉，白雲無恙伴僧閑。竹籬春暮花猶媚，茶竈煙消鶴自還。不識舊遊題詠句，也曾籠入碧紗間。

登鼓山絕頂望海

龔用卿

迢迢石磴上雲霄，隱隱風聲聽海潮。瀟灑自多丘壑意，登臨何惜馬蹄遙。波光映日黿鼉出，霧氣浮空龍蜃驕。便欲乘桴從此去，相期蓬島迓松喬。

遊鼓山，用江僉憲韻

閩中惟有此山高，石鼓崚嶒徑路遙。萬壑林間浮翠靄，一峯天外樹孤標。烟濛島嶼名難識，雨過青蒼色自饒。絕頂振衣溟海濶，五雲深處見皇朝。

其二

仙嶠九盤星漢近，丹梯萬疊海雲長。氣蒸澤國吞溟渤，勢撼乾坤接混茫。白練橫川沉雨色，赤霞含日動江光。憑高欲借淩風翼，笑拍洪崖天際翔。

遊鼓山

盤雲古路淩滄海，背日高峰擁碧林。萬里風煙生羽翰，三春花樹洽衣襟。禪棲物候原空寂，曠達遊蹤自古今。絕頂目窮飛鳥外，中天人在翠微岑。

登鼓山絕頂，觀朱子書[①]

王世懋

靈鷲何年障海來？振衣今日陟崔嵬。青山忽放雙江合，紫霧徐將萬壑開。水上鞭鼉秦帝石，空中結蜃越王臺。捫碑共仰先賢蹟，覓句誰憐異代才？

鼓山瀑布

张焯

石鼓峯頭挂白龍，半空遥映玉芙蓉。幾行瀑布晴疑雨，一派銀光淡復濃。故壘風烟猶在目，碧巖仙跡本無蹤。憑闌天地虛古今，控鶴還將訪赤松。

憩靈源洞

謝汝韶（長樂人，長史）

靈源洞口石巉巉，九折盤紆喝水巖。八角蒲菴封碧蘚，幾重蘿幌抱青杉。龍頭噴玉纓堪濯，鳳尾遺基莽未芟。乘興不辭登屶崱，白雲靉靆半山銜。

---

① 黄任本無“絕頂”二字。

鼓山絕頂（隆慶丁卯）

吴正理（徽州人）

巾服飄然似道流，秋風吹上鼓山頭。鐘聲未盡日先出，雲氣忽來山欲浮。瀚海帆檣飛絕域，榕城烽火類邊州。兵戈西北還翹首，獨倚崔嵬賦四愁。

登大頂

蕭世濟（侯官人）

絕頂高風吹亂秋，乾坤奇勝望中收。濤聲寒湧千江怒，山色晴分萬壑流。閩越無諸猶霸氣，靈源有洞自仙丘。艱難霜鬢何須恨，掃石題詩紀壯遊。

登屴崱峯，暮投蘭若

陳椿

登臨已是逼諸天，翠靄浮空島嶼連。江塹馬頭遥比帶，石蹲鼇背小於拳。流雲半出層巖下，飛鳥全低落炤邊。向夕傳燈香界寂，閒房借榻學棲禪？①

遊靈源洞

趙世顯

洞入靈源景倍幽，山橋寶地足遨遊。滿林秋草同僧寂，一路天花散客愁。恡石晝懸蒼樹逈，飛泉晴帶白雲流。斜陽未盡登臨興，更欲乘風到上頭。

① “向夕傳燈香界寂，閒房借榻學棲禪”，黃任本作“向夕傳燈戀香界，閒房何處可棲禪”。

登鼓山絕頂望海

空山岑寂客來稀，千仞峯頭一振衣。滄海霧消諸島出，碧天秋净片鴻飛。巖頭古樹籠斜徑，竹外清泉瀉落暉。幾欲驂鸞從此去，東溟遍覽十洲歸。

遊鼓山

陳鳴鶴

棹停山外入山遊，積翠千重到上頭。屐下雲光常帶雨，道傍樹色半含秋。澗香僧洗天廚鉢，林響鐘鳴淨土樓。為愛此中多逸興，凡心銷盡久淹留。

屴崱峯晚眺

絕磴千盤躡屐遲，微茫萬里夕陽時。山連西北環閩越，水盡東南控島夷。鳥外帆檣歸雜沓，烟中邑里列參差。浮雲不蔽孤峯日，細讀徐卿《喜雨辭》。

靈源洞

洞門長日閉松楸，西澗無聲水逆流。雲冷綠池神雀去，月孤深樹白猿愁。雙林莫惜連朝住，百歲能知幾度遊？滿壁題名苔翳盡，閒來摩洗辨銀鈎。

鼓山茶園

磴險林深一徑斜，忽聞雞犬見人家。半巖結屋還依樹，疎竹圍園盡種茶。經歲閉門淹日月，有時開閣放烟霞。山翁不厭頻來往，莫遣兒童掃落花。

登岃崱峯

林世吉

尋壑經秋蒼翠深，仙梯百丈控危岑。尊罍喜遂山中約，泉石偏宜物外心。玄鹿眠雲當玉洞，丹霞夾日護瑤林。醉來試把匏笙弄，吹落人間鸞鳳音。

宿鼓山寺

陳仲溱（懷安人）

寒燈寂寂掩禪房，絕壑松濤入夜涼。春鳥啼殘孤嶂月，暮雲濕斷半爐香。磬傳空界僧歸院，寺隱深林虎近床。曙色漸分山漸出，千重烟樹鬱蒼蒼。

經鼓山廢寺

寒花落遍講經筵，寶刹灰殘六十年。鳥下空廊人寂寂，猿啼香積草芊芊。壇移貝葉印芳蘚，座隱金蓮分暮烟。破衲斷瓢寥落甚，春風春雨更淒然。

經鼓山廢寺

陳宏己

絕頂登臨落日回，半山蕭瑟不勝哀。寺經火後無僧住，路入雲中少客來。九月野花開似菊，千年石柱化為苔。世間生滅元如此，何問咸陽幾刼灰。

重遊喝水巖①

徐熥

古洞盤旋紫翠間，洞門常借白雲關。虚瓢掛樹舊僧隱，昏磬出林飛鳥還。路到窮時尤巀嶪，泉經喝後不潺湲。當年舊社成陳跡，春雨春花點地斑。

宿鼓山下院②

維摩丈室絕塵氛，坐對珠龕演梵文。松際窺人孤嶂月，山中留客半床雲。疎鐘出寺過林隱，恠鳥啼春徹夜聞。野性由來愛空寂，名香親向殿前焚。

其二

孤峯天畔削芙蓉，入夜遥看紫翠重。一片禪心千澗水，五更殘夢數聲鐘。雲生净土龍歸鉢，露冷空潭鶴唳松。借宿僧寮經幾度，蒼苔埋卻舊遊蹤。

宿鼓山寺

馬欻（懷安人）

禪房深閉絕囂氛，寶篆烟銷正夜分。高樹猿啼初落月，小樓僧定忽歸雲。飄摇旛影燈前見，滴瀝泉聲枕上聞。塵夢不關心似水，獨餘花雨散氤氲。

---

① 黄任本後有“萬曆甲申年夏”六字。

② 黄任本題作“宿鼓山寺方丈二首，萬曆甲午年春”。

同謝在杭遊白雲洞

石門三度路欹傾，空翠氤氲撲面生。樹隱巖中無落葉，水流峯外但聞聲。穿雲古洞荷衣濕，透月寒窓鶴夢清。夜靜上方鐘磬響，玅高峯頂一燈明。

其二

曙色蒼茫一望遥，危峯高瞰海門潮。半空人語隨風杳，清晝爐烟逐霧消。石室拍聲松子落，竹廚泉溜茗香飄。短筇徙倚芙蓉頂，欲挾天孫到碧霄。

屴崱峯

王毓德（侯官人）

竹杖隨雲度石橋，秋高落木鳥邊遥。眼空世界窮三島，手挽星辰傍九霄。巖溜晴飛山寺雨，鐘聲夜合海門潮。結廬願得長棲隱，叢桂淮南豈待招。

九日登鼓山

黄似華（內江人，福州府知府）

峯巒竦立鬱巃嵸，鼉鼓星旗勢更雄。只漫振衣千仞上，恍如倚劍五戎中。長江砥柱瀠金馬，疊嶂懸泉閃玉虹。休道天風能落帽，不妨酩酊菊花叢。

戊申仲秋五日，同徐興公、謝在杭、蔣子才宿靈源洞

周千秋（莆田人）

涸澗迴環夾翠屏，松門斜對水雲亭。短橋客卧藤蘿月，小院僧翻貝葉經。洞口啼猿村樹曉，山腰過虎谷風腥。相將掃卻巖頭石，

莫使蒼苔沒古銘。

湧泉廢寺

徐𤊹

寺經樵火久銷亡，古道秋風蔓草荒。廢殿有基崩夜雨，斷碑無字臥斜陽。遊人借宿茅茨裏，田父來耕瓦礫傍。試問前朝布金地，老僧垂淚說南唐。

戊申仲秋五日，同周喬卿、謝在杭、蔣子才宿靈源洞，時兒陸侍行

古洞重來禮石壇，舊時遊侶半凋殘。空林閣雨峯千疊，絕磴梯雲路百盤。澗底松泉隨客飲，壁間苔篆領兒看。數聲啼鳥秋烟外，瓦枕蘿茵午夢寒。

戊申仲秋五日，同周喬卿、謝在杭、蔣子纔宿靈源洞，時兒陸侍行

古洞重來禮石壇，舊時遊侶半凋殘。空林閣雨峯千疊，絕磴梯雲路百盤。澗底松泉隨客飲，壁間苔篆領兒看。數聲啼鳥秋煙外，瓦枕蘿茵午夢寒。

宿鼓山下寺

明月含輝炤廣庭，亂峯低壓寺門青。佛堂夜靜鳴寒磬，僧塔年深折舊銘。净室獨關雲漠漠，香廚遙引瀑泠泠。半龕碧影秋燈寂，一榻烟霞臥不醒。

經普度寺故址

禪林頹廢幾何年？故址荒蕪鎖暮烟。舊塔伐為鋪路石，古碑磨作甃墳磚。夜深魍魎窺人語，日落狐狸抱子眠。莫嘆空門易消歇，

繇來滄海亦桑田。

同汝交至鳳池，宣遠不能從，是日立秋

嶔嶔鳥道歷千盤，蘭若遙開碧漢端。池涸久無丹鳳浴，松高長有翠龍蟠。躭吟老友同遊嬾，乞食貧僧獨住難。最是山深涼氣早，風來先覺袷衣寒。

九日登鼓山經廢寺

謝肇淛

四壁霜飛猿嘯哀，風高木落氣悲哉。江南秋色關河動，海上浮雲天地迴。幾字殘碑眠亂草，千年流水注空臺。山丘人代成今古，萬事傷心涕淚催。

登大頂峰

咫尺清都近可攀，濤聲秋色老空山。蟻封隱見圍千雉，螺髻微茫指百蠻。絕壁刺天無鳥度，半巖採藥有僧還。東南霸業蕭條盡，流水荒臺石蘚斑。

雨中宿鼓山下院，同徐興公、周喬卿、蔣子才

上方寂寂鎖蒼藤，門掩雙峯最上層。半嶺松濤千嶂雨，數行香篆一龕燈。寒潮應月喧殘寺，獨鶴眠雲伴老僧。塵夢欲醒鐘磬動，泠然心地證三乘。

靈源洞，荅興公

蹉跎橋上鴈聲哀，極目平蕪古殿灰。幽洞忽排山罅入，小菴斜倚石門開。題殘蒼蘚看難辨，喝後靈泉去不迴。十九年前曾宿處，

佛燈猶炤講經臺。

鼓山寺

朱弘演（建陽人）

萬壑松風落日催，芒鞋踏徧翠微迴。疎林鳥定知樵去，梵宇鐘鳴報客來。四壁絪緼雲出岫，一杯搖落月登臺。比丘指點前朝事，無數殘碑臥綠苔。

過湧泉廢寺

袁敬烈

斜陽峻嶺路千盤，欲借禪棲去住難。歲久蘼蕪埋斷碣，夜深狐兔走空壇。迴風大海潮聲急，落葉秋山鴈影寒。莫向人間嘆興廢，琳宫寶剎亦凋殘。

湧泉廢寺

曹學佺

半嶺猶存古寺名，空林惟有湧泉聲。僧從破屋雲邊住，客向迴廊草裏行。講席虛無山月在，齋鐘寂寞海潮生。布金知是何年地？更覓殘灰作化城。

湧泉廢寺

鄭邦祥（閩縣人）

獨倚崚嶒望渺然，興衰塵跡總堪憐。迴廊夜嘯寒猿月，廢殿秋生亂草烟。饑鳥尚隨清磬下，殘僧空傍白雲眠。何人重布黃金地？勝業銷沉七十年。

登鼓山六首①

禪房古木翠紛紛，寶鼎占旃檀晝自焚。貝葉曉沾衹樹露，松花秋濕講壇雲。行隨暮磬同僧入，臥借孤龕與客分。幽竹遶闌風不動，數聲清梵靜中聞。

碧嶂低懸亂石菴，獨攜孤枕傍珠龕。雲中野鶴來深洞，壑底潛龍避別潭。霜磬過林催瘴雨，寶燈懸樹炤秋嵐，上方夜靜空諸品，臥聽山僧讀琅函。

絕壑珠宮俯太清，千峯低護石闌平，鶴巢老樹疑雲色，龍噴寒泉作雨聲。磵底松含甘露濕，巖頭鐘激曉霜鳴。蒼苔沒盡前朝字，不用臨高紀姓名。

野蒿殘瓦古招提，雲鐸無聲覆斷碑。舊塔迸開圓舍利，荒田耕出破琉璃。玄猿欺客吟寒日，老衲逢人說盛時。惟有古基崩不盡，石闌猶繞放生池。

木落千峯鳥道廻，憑高一望大荒開。羣山倒束江流合，絕島遙舒海氣來。壑底鐘聲神晏寺，空中烟點越王臺。舉頭帝座看應近，只愧驚人謝朓才。

偷得紅塵兩日閒，白雲深嶂叩松關。一瓢破衲雲中寺，雙屐殘鐘雨後山。古洞鎖烟秋寂寂，石泉流月夜潺潺。老僧不出巖頭路，只有溪聲送客還。

遊鼓山

高景（閩縣人）

紺殿遙開紫翠岑，紅塵隔斷寺門深。僧分雲氣攀危磴，猿逐

---

① 黄任本只一首，作："禪房古木翠紛紛，寶鼎栴檀晝自焚。貝葉曉沾衹樹火，夜雨空廊見鬼燈。舊種松杉巢野1，別營茅屋住巖僧。無人更布黃金地，滿目殘灰冷不勝。"

鐘聲嘯暮林。村逕遶山花影亂，石橋流水蘚痕侵。獨憐榕樹經霜久，長占溪南數畝陰。

湧泉廢寺

陳鴻（侯官人）

蕭寺荒凉感廢興，斷碑磨滅覆垂藤。秋風古殿經樵火，夜雨空廊見鬼燈。舊種松杉巢野鶴，別營茅屋住巖僧。無人更布黄金地，滿目殘灰冷不勝。

遊湧泉寺

陳仲進（長樂人，江山知縣）

萬仞岡頭紫翠圍，白雲流水護柴扉。石爐火冷僧初定，野逕苔荒客到稀。遶砌山泉浮瀲灩，隔江雲樹入霏微。我來豈是參禪者，祇倚長松看鶴飛。

登岁崱峯

鄭 遷（閩縣人，通判）

岁崱峯高俯八垓，長風千里送秋哀。忽看龍向潭中起，何處人從雲際來？萬井烟花開越國，三山蘿月鬱仙臺。東南夷島皆臣伏，底定誰稱濟世才？

登鼓山絕頂

邵 傅

踏石捫蘿邇碧空，峻嶒高壓萬峯雄。日斜海外生殘靄，雨過天西送晚風。吳市練光遙辨馬，歐池劍氣欲成虹。吟邊咫尺銀河路，不待仙槎八月通。

登鼓山

葉向高

岃㟽峯高俯十洲，白蘋寒渚海天秋。潮聲近向巖前落，蜃氣遥從島外浮。平野蒼烟迷故壘，夕陽紅樹帶殘流。摩崖讀徧前朝字，乘輿還登最上頭。

登鼓山

徐用檢

春遊晴雨未堪分，萬樹先風破曉氛。牛斗定開雙劍氣，山靈應待五花文。恍疑泛海岡連霧，不盡攀蘿步入雲。老去興來孤瑟在，試歌磐石共君醺。

春日遊鼓山

施德政（太倉人，福建都督）

朝擕蠟屐破蒼烟，踏徧晴巒聽杜鵑。興到直窮樵子徑，歇來還問老僧禪。波明日下三千國，石削雲根尺五天。歸去乘潮江月白，夜深欸乃鼓碕船。

蔡都閫邀登鼓山

陸卿任

雨過看山足勝遊，雲開絕壁翠俱浮。山花媚客都含笑，谷鳥迎人似喚儔。蠟屐漫將臨仄徑，詩脾欣得漱清流。籃輿不盡探奇興，載躡層峯到上頭。

其二

峭壁崚嶒徑自通，扶筇穿翠訪支公。窓飛積雨千山瀑，門捲寒濤萬樹風。前代題名文半泐，神僧喝水迹難窮。晚來獨坐孤亭上，絕勝溪山集眼中。

其三

千尋屴崱勢巃嵸，呼吸能令帝座通。雲起千山橫白練，海連孤嶼見青空。詩攜謝朓誰堪和？嘯學孫登恨未工。把酒欲狂頻拜石，留題喜見考亭翁。

同陸觀察遊鼓山四首

蔡時春（都司）

緣崖穿翠訪靈源，中有禪房好避喧。客至石牀雲氣冷，泉飛巖壁雪花翻。千尋列岫環榕省，一鑑晴空接海門。乘暇登臨貪紀勝，春山踏破舊苔痕。

探奇直上最高巔，曲徑崎嶇萬磴懸。沃日蒼茫千里外，歸雲縹緲一樽前。薜蘿翠掩深秋色，松檜寒侵欲暮天。回首振衣諸嶂寂，夕陽帆影落平川。

公餘漫接李膺遊，花鳥迎人翠欲浮。選韻愧投青玉案，看山還訪白雲儔。依微清梵穿林落，濺沫飛泉入望流。且喜今朝山雨霽，扶筇更上最高頭。

橫斜一徑洞門通，偷得餘閒謁遠公。空翠遙含千嶂日，疎鐘暗度一林風。江浮雲影看難盡，碉吼松濤聽不窮。淨牖衹緣臨石瀑，禪心沁入水聲中。

靈源洞小酌

蔣希禹

兩峯迴合石梁懸，林際晴開一線天。孤壑罡風吹蠟屐，一樽長日對鳴泉。詩銘翠壁文終泐，榻借山雲夢亦禪。何日塵鞅能遠脱？入林重叩遠公賢。

湧泉廢寺

榛蕪何處望金仙？靈跡空存卓錫泉。穴壁妖狐時屢見，燒林鬼火晝常然。碑餘龜跗支荒草，牆篆蝸涎立暝烟。塵世劫灰難更問，淒風零露自年年。

屴崱峯二首

石路嶙峋草盡迷，捫蘿步步費攀躋。晴天杖底有雲起，竟日峯頭無鳥啼。一片白窺滄海近，四圍青抱眾山低。望鄉卻借蒼梧道，奈可昏鴉亦向西。

衣上烟霞乍有無，杖頭咫尺接天都。平臨北斗羣峯失，獨倚南天一柱孤。海外樓臺晴蜃出，霜前榛莽暮猿呼。攜來筆扎無能賦，慚愧人稱是丈夫。

靈源洞

曾熙丙（閩縣人，御史）

一勺幽深落紫烟，泠泠孤響滴何年？只言塵世多更換，不謂寒流亦變遷。色借空明留半壑，聲從風雨出諸天。幾回永夜消清夢，瓦枕茅房獨窅然。

遊鼓山

翁登彦（閩人，參藩）

靈源幽鬱自殊觀，步入危橋四望寬。鳥道清陰舒翠影，禪房野色遶青巒。尊前花氣風前度，烟裏林梢月裏看。自笑俗塵辜勝賞，何人吹動玉笙寒？

遊鼓山

龔懋壓

徜徉隨處訪名山，芳躅先尋咫尺間。瀑瀉雲中衝石眼，雨銷天外露烟鬟。貪摩古篆忘崖險，喜對金罍趁日閑。歸去荷花江上路，美人妬殺盪舟還。

秋日，洪汝含中翰招遊鼓山靈源洞

林弘衍

招遊石鼓意剛同，喜聽鐘聲出梵宫。藉草仰窺松偃蓋，倚欄遥望石連空。泉飛古洞何年碧？花發懸巖幾處紅。夜靜振衣閑獨立，一聲長嘯送天風。

七夕後一日，同興公遊鼓山。及重九前一日，又同遊，少憩廨院

鄭邦泰

陶令頹然菊滿籬，貪遊名勝又相期。昨來鵲渡橋方斷，今到龍山帽欲欹。野外慣行觀物變，院中暫憩得心知。蒼頭攜榼穿雲去，② 不向樵童問路岐。

宿廨院

吴兆衮

半龕燈火隱禪房，一榻閒眠借上方。天際客魂清似水，山中雲氣冷如霜。松濤夜合千峯雨，石洞烟銷數篆香。鐘罷烏啼殘夢醒，簷頭旭日湧扶桑。

靈源洞

窈窕幽岑倚碧霄，一泓何去磵聲銷。上方月炤穿雲衲，別壑風吹掛樹瓢。秋草故迷巖下路，寒松時作枕邊潮。當年一喝知何意？未必真禪果避囂。

湧泉廢寺

紺殿銷沉感不勝，層崖還見碧崚嶒。山泉尚湧鳴荒草，石甃全欹翳古藤。烟斷香廚無積供，燈傳別院有殘僧。黃金寶界終塵土，何問人間幾廢興。

遊鼓山

蔣奕芳

滿林楓葉帶秋酣，磴道盤紆到自諳。虎去空山猶有窟，龍歸滄海已無潭。泉聲出洞鳴寒玉，雨氣沿溪起夕嵐。卻憶晏公曾遯跡，欲從巖畔結茅菴。

將遊白雲洞，憩許將軍靜室

白雲古道繞高峯，翠色山前已數重。杖履獨行隨去住，精廬偶值得從容。巖飛曉瀑千層雪，樹吼秋風萬壑鐘。欲訪將軍棲隱跡，留題多被紫苔封。

老禪菴

廻廊寂寂草芊芊，開士閒房借客眠，飛瀑帶聲過樹杪，亂雲涵影度峯巔。白鹽赤米堪分供，紫燕黃鸝解說禪。最喜舊遊棲勝地，每看花雨落諸天。

靜觀菴習靜有作

幾載安心竟未安，更從耆宿坐蒲團。山雲覆屋晝長靜，野鳥啼花春欲闌。滿院風泉金磬冷，半窓松月石床寒。香林自覺塵囂遠，得寄家書嬾拆看。

其二

繙經喜得近空王，習靜偏宜夏日長。蔬摘露葵山供淡，茗烹雷莢澗泉香。坐深榕葉風初定，夢斷藤蘿月正凉。豈謂清時能避地，餘來世味不堪嘗。

湧泉廢寺

翁紹揚

古刹殘灰感廢興，黃金重布有誰能？斷碑盡是秋苔沒，舊址多因夜雨崩。客到壇前惟見鹿，狐來竈下不逢僧。空留半偈扶筇去，落葉啼猿兩不勝。

白雲廨院

蘿徑松門世界分，數聲踬鳥自成羣。風前落葉隨寒溜，雨後空齋閉亂雲。碑碣苔侵微有字，經函塵沒半無文。院僧帶月城中去，那得鐘聲枕上聞。

宿露松庵

何九雲

洞口黃昏月破林，鐘聲飛向遠山沉。空江浪白秋鯨吼，古壁烟青老鶴吟。夢熟頻驚東澗響，寒生漸覺北風侵。禪窓不閉孤雲路，飄絮翻疑覆客衾。

上大頂峯

趙志淳

亂山黃葉草萋萋，絕磴捫蘿強杖藜。滄海微茫夷島小，浮雲出沒遠天低。羣麞藉草呼兒避，好鳥驚人作對啼。古篆石間苔半翳，登臨何事又留題。

重至湧泉寺呈永覺大師

徐鐘震

石鼓頻撾聖箭堂，毳徒共遶法中王。新栽夾道松陰翠，遍踏危峯草履香。削壁銀鈎留北宋，巍坊金牓署南唐。祖師卯塔重銘石，始識通霄路未荒。

題靈源洞

亡名氏

溼雲將雨晝淒淒，醉插黃花駐杖藜。絕磴千尋飛白練，危峯萬仞聳丹梯。逶迤仙洞烟霞暮，縹緲人家橘柚低。名筆幾多苔沒盡，忘歸石上仍留題。

宿靈源洞

黃逢祺

灌木層層鎖晚烟，洞中闃寂訝無泉。月臨石壁窺人夢，雲擁繩床護客眠。野鳥遠啼孤嶂外，疎燈寒炤一龕前。塵緣安得咸消盡，結屋炊藜古礀邊。

宿鼓山寺

黄上玄

踏遍峯巒到上方，石欄斜掛薜蘿裳。猿來壁下窺禪室，鶴宿松頭近客床。千嶂泉聲寒夜月，半龕燈影溼林霜。塵心消盡空壇下，海色天風入夢長。

宿鼓山方丈

林應泰

嵯峨疊嶂敞祇林，古木蒼蒼紺殿陰。半壁蟲書芳蘚合，千盤鳥道暮雲深。山嵐作雨侵香積，瀑水奔流雜梵音。借得蒲團聊一宿，明朝絕頂要登臨。

靈源洞

危峯絕壁落煙村，別有靈源朝暮喧。一帶蘿陰迷石罅，千盤松翠護雲根。芳洲脉脉分江渚，遠樹茫茫接海門。莫問溨泉興廢事，亂山黄葉幾僧存？

宿白雲廨院

陳飈

踏破松陰到上方，白雲空在寺荒涼。烟迷寒竈山僧寂，風拍危巖木客狂。夜靜露聲輕繞竹，牕踈月影半窺牀。遊人欲睡難成夢，忽聽殘鐘出步廊。

觀天風海濤字

直上危岑蒼莽中，南天一柱自巃嵸。濤翻野島孤烟外，地控閩甌萬嶂東。呼吸恍疑通象緯，牢騷幾欲叩穹窿。多因留有名賢蹟，遊客登臨説晦翁。

白雲廨院

林　澭

山門長倩白雲封，百道流泉響澗松。田沒更餘荒寺賦，僧存久廢講堂鐘。晨炊不繼廚烟冷，夜雨初收野霧濃。滿壁墨痕蝸蝕盡，何須更問舊遊蹤。

呈贈永公大師有序

林之蕃

湧泉開山於五代國師神晏，禪燈相繼，凡七十餘代。嘉靖中，厄於回祿，而寺遂鞠為榛莽。至天啟間，博山無異和尚重開闢演法，猶草昧乎林間樹下。及永覺大師來主是山，不起於座而百廢俱興，棟宇翬飛，金碧相映，禪衲雲擁，石鼓雷鳴，眾咸以為國師再來云。

石鼓重開播祖風，莊嚴殿閣碧霄中。二時展鉢千僧靜，半偈傳燈萬刼空。岳頂雪明松影白，海門日出浪花紅。靈源不混諸流去，豈用當年一喝功。

吸江蘭若

一入空山萬慮灰，閒花繚亂竹門開。春風帆影長天去，月夜鐘聲隔院來。四面憑虛雲外檻，百年高臥石邊梅。漫遊深得龐公趣，吸盡江流不肯回。

般若庵

石溜清泠洗見聞，古松同瘦耐辛勤。茅茨寬受千巖月，簑笠深耕一壑雲。秋熟鳥來沾佛供，日晡牛歇聽經文。山僧分内無餘事，博飯栽田謝世氛。

無諍居

路轉山迴鳥道迷，忽逢峭壁覺天低。桃花爛熳燃茅屋，洞腹玲瓏響杖藜。大地水田歸鉢裏，小窓星斗掛峯西。隨緣卓錫修無諍，新剔蒼苔認舊題。

禮鼓山晏國師塔

釋廣印

雪峯横出一枝春，五葉東南半壁新。不許義龍輕一咳，豈因鼷鼠發千鈞。火珠深沒松龕翠，石影猶傳水月神。慧命懸絲今不斷，猊床已有誕生人。

鼓山屴崱峯

太倉一粟渺吾蹤，不道襟懷此日雄。霄漢近書鴻鴈字，雪濤遠趁舳艫風。大琉球國蒼茫裏，小白華山指顧中。萬象空空惟隻眼，阿誰相對白頭翁？

達宇居士以誕日來鼓山，同遊靈源洞，為賦此致祝

釋元賢

海上岧嶤屴崱峯，喜君杖履特相從。誰人喝水蹤尤幻，昔代題名蘚半封。天外青螺分島嶼，眼中白浪起蛟龍。擬將何物堪為壽？千載懸崖甘露松。

夜坐蹩鼇橋

出門舉步蹩金鼇，山露霏霏浥敝袍。鯨浪遠翻江上月，天風近鼓樹間濤。巖邊瀉玉泉聲細，橋外穿松石笋高。坐久不知蓮漏永，卻乘幽興更揮毫。

山中積雨初霽，鄭汝交太守見訪，用韻奉答

敝衲蒙頭一老翁，空山晏坐雨聲中。洞雲忽破懸朝旭，林鳥爭驕囀曉風。擇木不妨摶翮下，酬機祇解舉拳通。共看剪盡西窗燭，回首東峯日又紅。

山居

青山老去髮長鬆，種樹栽禾學野農。信口詩成多自喜，横肩杖出少人逢。透窓舒白巖前月，對榻凝青海上峯。頃刻白雲迷遠近，殿頭傳得一聲鐘。

庚寅初春日慶無諍居落成

朝開柳眼對霜禽，新構禪房倚翠岑。客屐幾能來僻谷，茶烟每自出平林。室中日月無寒暑，門外江山任古今。長揖世間塵夢絕，灰頭土面臥雲深。

鼓山志卷十終

鼓山志卷十一

住山釋元賢纂修

藝文志七

五言絕句

重遊鼓山

明趙世顯

屴崱天際峯，倚筇望遠海。茫茫三島間，浮丘倘相待。

吼雷湫

謝肇淛

青天亘長虹，白日風雷吼。山僧寂不聞，餘寒散窓牖。

白雲洞

白雲自生滅，古洞無開閉。僧臥雲亦還，松風吹巖際。

三天門

鳥道蟠石罅，危梯不可步。下有面壁僧，上有通霄路。

大頂峰

陳學麟

絕巘發高歌，天空見海多。不知登泰岱，俯視更如何？

浴鳳池

鳳至知何日，名傳浴鳳池。山頭雲五色，莫是再來儀。

靈源洞（詩刻石門）

郭汝霖（永豐人，吏科給事中）

禪跡久磨滅，靈源獨瑩然。玉虬時下飲，珠灑海雲邊。

子房溪小憩

曹學佺

溪聲瀌瀌鳴，聽之自忘倦。中有小洲横，清流屢廻轉。

東際亭晚眺

黃若庸

日落山餘紫，虚亭瞰危石。秋水一江天，千里平空碧。

六言絕句

鼓山

明馬森（懷安人，户部尚書）

懸流珠瀉絕壁，大石翠擁松關。長嘯白雲四起，恍疑身隔人間。

屴崱峰

釋元賢

杖底羣峯盡伏，方知身入層霄。笑看閩越舊國，興替渾同海潮。

鳳池

靈境迥開天際，池空鳳去何年。青蒲白鳥如故，黄獨新種雲邊。

靈源洞

橋上山雲乍散，洞前海月初圓。白猿夜過西澗，一嘯喝水巖邊。

舍利窟

小徑斜通別嶺，深源忽見孤邨。雲中鷄犬出沒，古樹半掩荆門。

秋中再至白雲

楊觀

有客時來採藥，孤僧獨自閉關。鳥道白雲來往，木葉紛紛滿山。

七言絶句

宿鼓山寺

宋邵去華

玉磬聲流夜闃寥，天風吹送海門濤。鶴來松頂雲歸後，人倚欄干月正高。（刻靈源洞。）

題喝水巖

徐錫之

重巒複嶺鎖松關，只欠泉聲入坐間。我若當年侍師側，不教喝水過他山。（刻靈源庵內。）

登屴崱峯

元帖木兒

肩輿直上白雲梯，古刹林深路欲迷。絕頂一聲長嘯罷，海天空闊萬山低。

屴崱峰

明鄧定

中天削出玉芙蓉，逈壓全閩氣勢雄。半夜峯頭看日出，扶桑近在海門東。

湧泉寺

雲根晴漱雪花寒，百尺清流遶石欄。午夜月明天籟寂，抱琴來聽玉潺潺。

仙人跡

飛鳥曾遊海上山[1]，尚留遺跡在人間。當時悞采長生藥，一入壺中去不還。

天風海濤

絕頂高風日怒號，際天遙起白銀濤。扁舟擬欲窮溟海，直掛雲帆百丈高。

鼓山偶成

樓閣層層隱翠微，石門松逕白雲飛。山中六月渾無暑，八十老僧猶袷衣。

---

① “鳥”，底本作“舄”，據黄任本改。

靈源洞

林誌（閩縣人，翰林院侍讀）

邃谷迂廻白日陰，禪僧曾此發鯨音。別來往事凄涼久，老樹啼鴉草莽深。

風泉雲壑

天風吹落萬潭聲，極度愁人夢裏驚。何日洗除塵世耳，一瓢巖畔臥雲横。

一天門

陳省

路愈崎嶇興愈增，獨先行客斸雲登。生成石洞容人度，傳是天門第一層。

龍脊道

左依石壁右深崖，百級廻旋石累階。峻峭卸車行彳亍，雲霞千片護芒鞋。

二天門

塵壒從來不到山，況看山腹隔重關。雖然未盡登臨路，身世悠悠儘覺閑。

三天門

幾重峭壁罅為門，小徑逶迤霧氣屯。穿出分明殊眼界，從兹不復擬雲根。

尋白雲洞不得，誤抵山麓而歸，口占寄趙用拙居士，時用拙先在洞中

徐熥

岧嶤逕路杳難分，猿鳥哀呼日半曛。莫謂洞門今咫尺，不知猶隔幾重雲。

其二

桃花流水自潺湲，曉起尋君日暮還。不是漁郎迷去路，斷無蹤跡在人間。

鼓山雜詠六首

陳鳴鶴

林端鳥昔路崎嶇，古蹟千年半有無。略待肘邊雲散盡，自研松露畫山圖。

喝水禪師久未回，白猿長守誦經臺。石門不閉孤峯月，僧遣沙彌送偈來。

池上雙雙白鳳凰，國師騎去謁空王。於今寂寞千峯裏，誦盡華嚴石榻涼。

城裏曾看石室燈，尋山偶入白雲層。天門度盡聞寒磬，黃葉林中出定僧。

眠狗岡前馬鬣封，夜深猶聽梵王鐘。從來勝地無常主，試問豐碑琢幾重。

黃石祠前碧草春，飛來香火半生塵。素書未付嬴秦火，圯上應無進履人。

白雲洞贈許元真將軍四首

屠隆（鄞縣人，禮部主事）

白雲洞裏蹔棲真，原是提戈報主身。為問將軍出山後，白雲流水屬何人？

蕙帳累邀玄鶴下，明燈閑與白猿譚。秋風鈴閣軍書暇，回憶琉璃火一龕。

夜深月露下庭柯，百尺蒼鱗手自摩。直上峯頭眺銀漢，不知衣袂蘸星河。

高隱雄心總未除，芸窓寧自老蟲魚。山頭夜夜風雲起，玄女攜來是素書。

靈源洞

徐𤊹

洞裏禪燈一點明，繩床閑臥夢魂清。中宵何處驚殘夢，月下玄猿嘯一聲。

玄應上人贈龕竹杖

巖僧知我澌龍鍾，分贈山中小竹筇。從此登高能不怯，肯教風雨化為龍。

登鳳池

歷盡高崗萬嶺低，忽驚揮手撫虹霓。日斜古道人蹤滅，愁殺鷓鴣雲外啼。

題喝水巖月公房二首

地僻林深人跡稀，繩床借臥覆僧衣。忽聞剝啄驚殘夢，知是頭陀乞米歸。

隱隱疎鐘出洞聞，洞前蘿薜自成文。山僧年老無他事，但向青山臥白雲。

茶園

謝肇淛

半山別路出茶園，雞犬桑麻自一村。石屋竹樓桃李樹，行人錯認武陵原。

喝水巖

錢行道

絕壁蒼厓蔦蔓垂，白雲來往徑逶迤。憑闌忽抱千秋感，不見寒泉未喝時。

同徐惟和下鼓山

竝挽煙蘿出亂峯，微茫猶聽湧泉鐘。回看絕巘浮雲護，知隔青山第幾重。

靈源洞曉起

安國賢

拂曙禪房夢乍醒，數聲啼鳥倚闌聽。海中霞出樹凝紫，天際雲來山斷青。

雨後坐喝水巖

流水當年去不回，洞中千載絕喧豗。偶聞雨後添新瀑，錯訝神僧復喝來。

茶園

綠樹陰中磴道斜，數聲雞犬幾人家。山翁年老無他事，管領兒孫日種茶。

忘歸石對雨

趙志淳

瀟瀟風雨灑梅花，石竈疎烟共煮茶。滿洞寒雲渾未散，半床清夢寄僧家。

登屴崱峰三首

郭煒（晉江人，舉人）

空山到處草萋萋，慣住山人路亦迷。白石青松孤冷甚，謾誇桃李自成蹊。

杏梁茅宇結難成，伸手無多是太清。袖裏片雲閑聚散，人間幾處變陰晴。

羅列諸峯豈是羣，卜鄰獨許武夷君。興來不惜如椽筆，草與山靈十賫文。

宿白雲洞天

康佺期

行盡羣峯別有天，振衣人在亂雲邊。焚香趺坐月如晝，悔落紅塵幾十年。

喝水巖

林 匯

靈泉本自一源流，何必分將兩澗收。不是神僧能喝轉，隨波若箇肯回頭。

繇子房溪過黄石廟

溪流淼淼石蒼黄，遺廟空山帶夕陽。徒向遊人懷往事，辟兵辟穀總無方。

白雲洞

釋廣印

時向巖前布影還，漫呈雪色炤禪關。多君自古無心意，何似山僧徹底閑。

贈白雲洞主

十載跏趺不出山，白雲争似我心閑。洞門雨過涼如水，風落巖花不用攀。

達磨洞

釋元賢

天開古洞碧巖頭，吐月吞雲事事幽。石壁迸流甘露滑，何須斷臂夜深求。

甘露松

矯矯雲邊出處高，蒼鱗翠鬣弄風濤。春秋歷盡渾如昨，甘露霏霏又幾遭。

山門晚眺

松頭日落洞天昏，月色梅花半掩門。獨立石橋涼露下，漁燈明滅炤江村。

達磨洞

林尚銘

小洞幽幽日暮登，盤桓鳥道鬱千層。巖頭古佛無人識，疑是當年面壁僧。

白雲道中晚望

楊 觀

野店村烟送夕暉，西風打葉隔林飛。柴門半掩黄昏静，山寺鐘聲下翠微。

白雲道上

黄若庸

極目寒烟鳥道長，微茫江樹水雲鄉。竹風吹老行人鬢，一半秋山賣夕陽。

過鳳池

萬嶺迂廻忽有村，竹中佛火自朝昏。我來政值春山冷，僧臥深雲不閉門。

詩餘

登鼓山（水龍吟）

宋嚴仁（字次山，邵武人）

飈車直上蓬萊，不須更跨琴高鯉。剨然長嘯，天風洪洞，雲濤無際。我欲乘槎，從此浮海，約任公起。辦虹竿千丈，犗鈎五十，親點對，連鼇餌。

誰榜佳名空翠？紫陽仙去騎箕尾。銀鉤鐵畫，龍蟠鳳翥，留人間世。更憶東山，一曲沾衣，淚到於今。幸有高堂遺愛，甘棠遺意。

茶園即景二首（浪淘沙）

明陳仲溱

絕壁翠苔封，屴崱危峰，半山雲氣織芙蓉。恠鳥啼春聲不斷，躑躅花紅。

茅屋掛朧葱，十里青松，茶園深處拄孤筇，知得清明今欲到，茗綠東風。

鳥道界岧嶤，日暖煙消，鷓鴣啼過鼊鼊橋。望到海門山斷處，練束春潮。

收拾舊茶寮，筐筥輕挑，旗槍新采白雲苗，竹火焙來聊一歃，仙路非遙。

石帆留月（桃源憶故人調）

楊觀

想得月來來又去，不管把人躭誤。山若再高幾步，也應闢得住。

花陰漸上青梅樹，草際蟲聲如訴。借問就中何語，道明霄如故。

論曰：鼓山之名，唐以前未著，故詩文亦少見聞。朱梁時，徐寅《靈源洞記》及《十二詠》，皆軼弗傳。自宋以後，始見篇什，而傳者葢亦寡矣。至明永樂間，僧善緣始輯之為《靈源集》，嗣有僧古艦再輯之。至萬曆間，謝武林、徐興公始為志，搜羅稱大備焉，迨今幾三十載。興公復收之為《續志》。余乃得因二志而更益之，蓋斯文未墜，人握隋珠，將來源源未有艾也。予獨悲夫江山如故佛國長存，而搦管登壇者卒如浮雲幻影，倏忽有無，雖曰名存，實將安在？況久之名亦不存，則立言稱不朽者，不亦難乎？是知必有貫今古，參天地，卓然而不可泯者，固不在區區名字之末也。或者猶思希蹤韓柳、比肩李杜，謂名決可不墜。愚以為，韓柳李杜，特雕蟲刻楮之雄而已，丈夫豎立，可不圖其大哉！

鼓山志卷十一終

鼓山志卷十二

住山釋元賢簒修

叢談志

言有正志之所不能收，事有正志之所不能紀，似無裨於大節，然考陳蹟而問方言者，其忍以弁髦棄之乎？碎金無非是寶，集毛可以成毬。志叢談。

晉郭璞《遷州記》曰：穩首東日，高山鎮寨。注曰：鼓山，為威膽之位。（梁克家《三山志》）

唐黄太和少好導引術，年三十餘即棄家入鼓山，妻子求之弗得。至大順初，忽來坐蹩鼇橋上，人餽之食，弗食。黄璞遊山，偶見之，問其家世，則璞五世祖也。璞悲泣，請還家，不聽。明日，璞率家人往謁，不復見。（《三山志》）

唐黄璞世居鼓山之陽，少與歐陽詹齊名，舉大順二年進士，官至崇文館校書。昭宗時歸隱，杜門不出。黄巢兵入閩，以璞儒者，戒勿毀其居。有文集二十卷行於世。翁承贊贈璞詩曰："煙蘿況逼神仙窟，丹竈還應許獨尋"，蓋指鼓山也。（《府志》）

唐會昌間大除佛教，鼓山僧徒逃竄皆盡。有村民於靈源洞旁鑿井三丈許，得一古磚，不知年代，上刻"僧晏興法"四大字，獻於州，時禁方嚴，官懼而毁之。至忠懿王請神晏住持，大興法教，如其讖云。（《閩中逸事》）

五代陳貺，閩縣人，賦性恬澹，志操高潔，不樂仕進。嘗築室鼓山，種芋菜以自給，人有餽之米者，必答以芋菜相當而後受之。居數載，從遊者日眾，乃去隱於廬山。江南主聞其名，厚幣徵之。貺入見，布裘長揖，進止閑雅。主欲官之，固辭，卒還舊隱。（《郡志》）

神晏國師赴閩王請，雪峯門送，回至法堂，曰："一隻聖箭，直射九重城裏去也。"孚上座曰："是伊未在。"峯曰："渠是徹底人？"孚曰："若不信，待某甲勘過。"遂趂至中路，便問師兄："向什麽處去？"晏曰："九重城裏去。"孚曰："忽遇三軍圍繞時如何？"晏曰："他家自有通霄路。"孚曰："恁麽則離宮失殿去也？"晏曰："何處不稱尊？"孚拂袖便回。峯問："如何？"孚曰："好只聖箭，中路折去了也。"遂舉前話。峯乃曰："奴渠語在。"孚曰："這老凍膿，猶有鄉情在。"（《傳燈錄》）

崇安瑞巖寺藻先禪師，世稱扣冰古佛，閩王延鈞聞其名，請至福州。王親出城迎入館，於府治之水亭啜茶次，師提起橐子曰："大王會麽？"王曰："不會。"師曰："人王、法王，各自炤了。"王大喜，延入宮，手持紫衣披之，事以師禮。師曰："謝王之恩，止為十日留。願大王以百姓為念，勿多殺。"留十日，以疾辭。問："安往？"曰："鼓山。"王遂親送到鼓山。至臘月二日午時，香浴畢，升座辭眾而逝。留身七日，顏色如生。王以香薪酥油荼毘之，獲五色舍利無數。王乃命以金瓶盛舍利，建塔鼓山，賜名瑞應之塔。餘靈骨送歸瑞巖建塔。（《瑞巖實錄》）

宋張觷故宅在鼓山下，觷政和間舉進士。蔡京嘗延為子弟師，觷一日謂諸生曰："汝曹曾學走乎？"諸生曰："何也？"觷曰："天下事而翁壞盡矣，旦夕亂且作，必先而家，惟善走可免耳。"諸生告於京，京乃就問計，觷勸其亟引知名之士。京問其人，曰："楊

時可。”京乃徵時，然已無及矣。後知劍州及處州，皆屢立奇功，蕩平諸寇，進秘閣修撰卒。（《郡志》）

靈源洞臨滄亭下有松，相傳神晏國師手植。根蟠石壁上，夭矯如虬龍，恒有甘露降其上，因名為甘露松。今尚存。（《舊志》）

鼓山雲源之上向無人跡，毒蟲鷙獸往來出沒。宋咸平中，丁謂為福建路採訪，便與諸公披榛莽而上，始達大頂峰。（《三山志》）

鼓山有老僧云，數十年前曾登靈源洞，見一禽自海上至，身大如牛，翼廣二丈餘，下村疃間，低飛掠食，俄攫二大羖羊，復望海而去。識者云是虎鷹，能捉捕虎豹。（《墨客揮犀》）

宋咸平六年，賜鼓山寺御書一百二十五卷。《御製心輪偈頌》十四卷、《逍遙咏》十一卷、《秘藏詳》二十卷、《緣識》五卷、《青龍疏》六卷、《秘閣贊》《九絃琴》《阮歌》《喻言》《雙鈎書》《聖教序》《心輪圖》《無名說》《華法》《日行誡有益無法帖》十二卷、《大字詩》三卷，《益銘》四體、五體書二卷。草書：《孝經》《千字文》《孤城詩》《大顛草書》《急就章筆法歌》《雜字》九軸、《故實》九軸。八分書：《千字文》《故實》《真定王碑》。飛白：“帝”“佛”二字，《雜言》無注，《雜言》有注，《不假詩》《遠看詩》。皇祐三年，又賜御書二軸，飛白“明堂之門”，篆書“明堂”。至和元年，又賜《皇祐新樂圖記》三卷。（《三山志》）

宋治平間，鼓山茶園多虎暴，居民患之。聞芹山有伏虎禪師，祠甚靈，裹糧往請，齋鹽雞子、肉脯為食。比至發橐中，雞子皆出轂，翅足畢具。魚肉脯皆化小蟲，成隊飛去。眾知師顯異，悔不齋戒，哀懺久之，遂請香火，於茶園之上建祠焉。既祠之後，每年二月二十九日為師誕日，前後三日，山中時聞虎聲，有至師座下伏者，虎至今不傷人。（《舊志》）

宋熙寧間，鼓山牛眠岡村民初夏鋤地，忽聞空中轟然有聲，仰視樹杪，有香爐落其上，遂取以下，不知其所從來也。翌日，有一道人，狀貌奇古，來相問訊，語及夜來香爐，道人曰："此黃石公爐，自穀城飛來者，宜為立廟。"言訖轉盼，忽失所在。鄉民警異，謀為建祠。先是龍江畔有商人，積木數千，一客至，問直，遂遍號其木，皆作"黃石"二字。去後涉旬無耗，商誕之，以斧削其字，字皆入木，削至數寸而墨跡愈明，至數百根皆然，相與駭懼，不知所為。翌日建祠者至，具言其故，遂以其價之半歸之。（《舊志》）

神晏國師寂，葬於桐口之沙溪。至顯德間，見夢寺僧，欲移歸本山，遂遷焉。及李忠定薨，葬沙溪，即晏故塔處也。淳祐巳酉，四明趙蔗境游喝水巖，題詩云："古塼出唐井，豫識國師名。於此坐禪處，喝回流水聲。如何神晏塔，移作李綱塋？見說山中石，不平空自鳴。"考神晏之遷，與李之葬，相距百餘載，趙何言之弗審也。（《舊志》）

晏國師葬桐口之沙溪，以顯德四年遷歸鼓山上方。後第三代了宗大師遷化，以乾德五年，復葬於國師塔之舊址。則葬李忠定時所移者，乃了宗塔，非國師塔也。

宋德祐間，鼓山僧彌堅得法於孤峯秀長老，傳以五祖衣，攜入山中。時夜光起燭天，有二偷兒入室盜之，忽雙目陡暗，手足如縛，倒地，口不能言。至曉，師知其故，為懺謝，久之始甦。彌堅寂後，留鎮山門，元末忽失所在。（《鼓山列祖集》）

趙汝愚詩"江月不隨流水去，天風直送海濤來"。朱文公愛之，遂書"天風海濤"字於石。今人不知為趙公詩也。（楊慎《月鉛總錄》）

林太史誌遊鼓山寺，僧了心者，俗姓姚，延接甚恭。林試以一對云："風吹羅漢姚（搖）"，和尚姚應聲曰："雨浥金剛林（淋）。"大人林賞其捷。（《舊志》）

《鼓山列祖聯芳集》載，宋德祐乙亥十二月，宋將南遷，有旨增廣城堞，監司命鼓山住持石室堅公提督民間，炤產築城，鼓山築東門城六十丈。次年丙子三月三日，益、廣二王駕到，寓大都督府。五月朔，益王即帝位，至七月而城始告成。十月廿二日，元大軍至，船次鼓碕江。宋官即奉帝奔泉，泉人閉城不納，遂奔廣。

水雲亭上有石刻古詩一首，後題“淳熙十三年正月四日愚齋”，俗悞以為晦翁書。余考晦翁諸書及年譜，考亭志，皆無“愚齋”之號，況晦翁到鼓山自有紀遊，乃是淳熙丁未，此詩刻於十三年丙午，又詩云“會方有行役，邛蜀萬里程”。考晦翁履歷，一生未曾入蜀，必非晦翁所題明也。然余疑此詩即趙子直筆，時子直知福州，以是年移官四川，與詩中“會方有行役，邛蜀萬里程”語正相符。又審詩意，則水雲亭乃愚齋所命建，故云“山僧好心事，為我開此亭”。明年晦翁登亭，乃有紀遊云《登水雲亭懷四川》，子直則晦翁所懷，乃因此亭此詩而發。又子直餘干人，今曰四川，益見“邛蜀萬里程”一語，似為子直也。

明釋宗壽，懷安陳氏子，洪武間結茅於大頂之北，每朔望必還家謁其父母。家去鼓山五十里，鄉人恠其來早，後期先往伺之，師固跬步未嘗下山，而仍至家如常。於是福州路總管郭琛異之，舉為僧判，師遂遁去。（《舊志》）

余嘗因風雨宿茶園，茶園主人老矣，能談往事，云洪武四年，上命駙馬都尉王恭因元故址築城，恭不新伐石，但科民間舊石以成城。科至鼓山，居民爭碎其石以避役，指示庭中石無不受鉗槌者。（《舊志》）

嘉靖間，龔大司成用卿招諸賓客及其壻林世璧同遊鼓山，風日恬暢，分韻賦詩。坐客皆逡巡遜讓，林時已醉，奮筆題詩，略不停思，文藻橫逸。公及諸客讀之至“眼中滄海小，衣上白雲多”

之語，擊節嘆曰："吾不及也。"遂不復題。林詩至今尚在。寺僧寶惜，墨色如新。最後徐孝廉唯和讀之，有詩云："閑尋老衲叩雲堂，墨蹟淋漓滿上方。一自題詩人去後，白雲蒼海兩茫茫。"蓋引林語也。（《小草齋詩話》）

宣德庚戌年，布政司前譙樓災，而還珠閣久廢未復，當道欲兩建之，但所費不貲計，無所出，乃請鼓山了心和尚任其事。了心設櫃於途，聽樂輸者自投櫃中，僅一年而兩役告成，三山為之壯觀。後《郡志》竟弗載，然父老猶能言之也。故今補之於此。（《列祖集》）

湧泉寺後有銀杏樹，大可數抱。嘉靖火後，樹亦枯死，經七十餘年，枝皆落盡，惟老榦兀然獨存。有住山僧欲伐去之，正揮斧，斧忽飛去，遂不敢伐。至萬曆己未，大殿初創，始發一枝，至今而蒼翠參天，結子纍纍。樹之與寺同興廢如此，或亦有主之者歟？

地之相去近則可望，遠則視之而弗見也。琉球去彭湖不下數千里，山川出雲，蜃氣作霧，則光景且伏矣，煙火可得而相望乎？閩中士夫常曰，霽日登鼓山，可望琉球，蓋所望者小琉球也。若大琉球，則雖離婁之目，亦豈能明見萬里之遠哉？（陳侃《琉球錄》）

榕人云，霽日登石鼓，可望琉球，或云小琉球。然余自梅花發舟，淼無所睹，僅東沙濛濛，在眉睫間，疾飆斯須，旋複失之。翌辰求小琉球針，弗得，逆而東，凡八晝夜，乃遇葉壁。葉壁者，夷北門也。逆而南，又五晝夜，始至。嗟乎！踰東沙不睹小琉，抵葉壁不睹大琉，何有石鼓蒼蠅營營寔變白黑，人言何足信哉？（謝傑《蕉鹿集》）

陳鏗韶，字尚聲，閩縣人。年二十餘喪妻，遂散家資，學長生術，獨至鼓山絕頂，默坐竟日，久乃能辟穀。其父以為病狂也，拘擊之數日，見其不食，乃舍之韶。遂出遊，數年歸，以藥一囊遺其母，

鄉人爭迎致之，竟不與言。後復他往，莫知所終。（《郡志》）

徐孝廉熥宿鼓山禪院，題詩有“松際窺人孤嶂月，山中留客半床雲”之語。方伯管大勳遊而見之，大加稱賞。無何，徐從眾謁管，管閱刺良久，於稠人中揖曰：“豈非‘松際窺人孤嶂月，山中留客半床雲’徐先生耶？”因獨留坐，與語久之，盡出其詩相示，遂成莫逆。（《小草齋詩話》）

萬曆戊申秋九月，鼓山大頂巨石崩墜田中，有聲如雷。（《郡志》）

論曰，茲志所載俱非大節，所係似亦可略。然嘗徧讀儒家諸經及歷朝正史，豈非傳世之大典哉？其中鳥獸草木之繁，器用文物之富，非博及諸書者鮮能盡通。故知大舜詢及蒭蕘，誠為至訓，禮失必求之野，決非漫談。昔閩人有吳海者，謂諸子百家，六經之賊；外紀野錄，正史之賊，欲盡去之。不知楚之萍實，魯之爰居，漢之劫灰，又孰從而辯之哉？余謂君子之學，當先其大而後其小，務其本而遊其末，則片言隻字，異書曲典，皆藥籠中物也。然猶見世有負盛名稱博雅者，日探討瑣僻以自張，至於身心性命之微，禮樂刑政之大，古今治亂之故，率皆鹵莽涉獵，間有陳論，如魘寐中語，則何其隘而鄙也。譬之井中之鮒，樂升斗之水以自濡，而溟渤之滄茫浩渺，非所願矣，擴而大之，不亦善乎？

鼓山志卷十二終

永覺元賢《鼓山志》及其文獻價值

紀華傳

佛寺志是中國佛教史書的一個重要體裁，記載寺院的環境地貌、建築結構、經濟田產、高僧住持、檀越護法以及興衰沿革和派系傳承等諸多內容，是研究中國佛教最直接的資料之一。鼓山是佛教名山，在盛唐以前卻並不被地理史學家所重視，直到建寺以後，其景色秀麗才為世人所知，而且因其高僧輩出而名聞天下，後來鼓山湧泉禪寺甚至被尊為“閩刹之冠”。鼓山寺院之創建，始於唐建中四年（783）。僧人靈嶠應從事裴胄之請，誦《華嚴經》於此，降服毒龍，於龍潭旁建華嚴寺。梁開平二年（908），閩王審知填其潭為寺，請僧雪峰義存的弟子神晏住持。此後千餘年來，該寺一直為禪宗之名刹，神晏因此被尊為開山第一代祖師。宋真宗咸平二年（999），賜額“鼓山白雲峰湧泉禪院”。明永樂五年（1407），住持善緣了心禪師應詔入京說法，轟動一時，深得皇帝恩崇，於是升院為寺。清代的康熙皇帝又御題匾額“湧泉寺”。康熙五十三年（1714）與乾隆七年（1742）朝廷兩次頒賜藏經，足見湧泉寺聲譽之隆。明清時期鼓山湧泉寺為傳播曹洞宗禪法的重鎮。明末清初無異元來、永覺元賢等住持鼓山湧泉寺，大揚曹洞禪風。此後，元賢的弟子為霖道霈承繼其法，並經門人惟靜道安、恒濤大心至遍照興隆等，形成曹洞宗之“鼓山系”。清代曹洞宗有壽昌系和雲門系兩派，以壽昌系勢力最大；而壽昌系三個支派博山系、鼓山系和東苑系之中，又以鼓山系影響最大，一直傳承、影響至近代的虛雲和圓瑛兩位佛教高僧，在中國佛教史上佔有重要地位。明清時期鼓山為我國重要的佛經刻印和流通場所，以刊刻精美而為世人推重，而且鼓山刻本很多都是作者親自主持刊刻，訛誤甚少，極具版本價值。本文研究所依據的永覺元賢《鼓山志》為修《四庫全書》時的采進本，不但刊刻精美，而且是唯一保存完好的善本，具有重要的文獻價值。

一、鼓山歷代寺志的修纂

明清兩代，善緣了心、謝肇淛和徐𤊹、永覺元賢、黃任、陳祚康等曾經先後五次編修鼓山志書。下面首先對五個版本的鼓山志書的內容和流傳、存佚情況略作考釋。

第一種，善緣了心（？ –1431）編集的《靈源集》。此書久已佚失，現僅存《靈源集序》。據此序所載，《靈源集》成書於明永樂十二年（1414），主要是“集古今名公巨卿登覽之所題詠”[①]。靈源洞位於湧泉寺東，兩壁陡峭高聳，中間幽靜深邃的峽谷因酷似山洞而得名。靈源洞以摩崖石刻而著稱，如宋代的蔡襄、陳襄、李綱、趙汝愚、朱熹等人的石刻皆位於此。觀本《湧泉禪寺經版目錄》云：“此書乃記載鼓山前代老宿之事實，及名人文藝等，為鼓山

① 元賢：《鼓山志》第2冊，鼓山湧泉寺順治初刻本，第13頁。

志之權輿。當時黃用中、徐興公等編《鼓山志》即本於此。”[①]《靈源集》即是編集石刻詩文及有關鼓山的文字記載而成。《靈源集序》曾敘此書編集之緣起：“然歷年既久，詩文浩瀚，有已刻於石者，則苔封蘚侵，觀者艱於覽誦。有未刻於石者，時移人換，久而散佚失傳。故予不揣，並而集之，名曰《靈源集》，亦使後人之題詠續此源源而不絕也。”[②]據此可知，《靈源集》並非嚴格意義上的山志，而僅為詩文彙編，所以元賢批評它“序列無紀，採錄亦疏”。但是《靈源集》保存了有關鼓山的大量文獻材料，為後世編纂鼓山志奠定了基礎，依然功不可沒。

第二，謝肇淛、徐𤊹的《鼓山志》，十二卷三冊。此志撰於明萬曆三十六年（1608）。《明史》“藝文志”中載：“謝肇淛《支提山志》七卷，《鼓山志》十二卷。”[③]元賢《鼓山志序》載：“至萬曆戊申，郡紳謝在杭同布衣徐興公再為纂輯，則綱舉目張，井然有紀，旁搜遠攬，纖悉靡遺，大有功於是山者也。”[④]此山志結構合理，內容已初具規模，分為“勝跡”“建置”“田賦”“物產”“沙門”“貞瑁”“藝文”等共七類，為後修的山志之圭臬。此志除了記載當時鼓山寺院田產的田賦志外，其主要內容均為後修的山志所吸收。此書現存於福建省圖書館、日本內閣文庫等處。

第三，永覺元賢（1578–1657）於清初順治年間再次續修的《鼓山志》，亦為十二卷，共四冊。在《清史稿》“藝文志”中對元賢的志也加以著錄，稱“《鼓山志》十二卷，僧元賢撰”。內容

① 觀本：《湧泉禪寺經版目錄》，“鼓山禪德遺著佚目”，鼓山湧泉寺民國二十一年（1932）刻本，第 48 頁。

② 元賢：《鼓山志》，第 2 冊，第 13 頁。

③ 《明史》卷 78，“藝文志”第 74。

④ 元賢：《鼓山志》，第 1 冊，第 1–3 頁。

包括六個方面：卷一“勝跡志”，卷二“建置志”，卷三“開士志”，卷四“貞珸志”，卷五至卷十一“藝文志”，卷十二“叢談志”。相對於萬曆刊本《鼓山志》，此書無“田賦志”，因元賢之時，寺院田產已蕩然不存，所以不載。① 至此，《鼓山志》內容結構更趨完備。興隆禪師曾評價此書說：“國初，永覺老人以真儒度世，複承徐興公以續稿見付，志乃大備。”②

第四，黃任（1683–1786）於乾隆二十六年（1761）應鼓山住持遍照興隆之請增修的《鼓山志》，十四卷，共六冊。此本流傳最廣，現存的經版是光緒二年（1876）鼓山住持奇量補刻。此志是在元賢舊志的基礎上，增補從元賢至興隆百年間鼓山新的內容。卷首冠以圖，分為八門，除增加“田賦”一門外，其餘七門開合與前志略有差異，其八門依次為名勝、寺院、古跡、沙門、田賦、石刻、藝文、外紀。

第五，陳祚康《續修鼓山志》稿本（收錄於廣陵書社《中國佛寺志叢刊》第 99 冊），成書於道光年間。此書為殘本，未知其全貌。但由於該稿保存了乾隆至道光年間部分重要藝文及歷代住持情況，所以仍有一定的價值。

在這五種志書中，以黃任本流傳最廣，至今鼓山仍存此版，並且刷印流通。元賢是具有明遺民傾向的曹洞宗僧人，由於《鼓山志》編於清初特殊的歷史背景下，所以清修《四庫全書》僅有存目，未收全書。現在國家圖書館、福建省圖書館和廈門大學圖

---

① 元賢：《鼓山志·凡例》云：“寺田產半入學宮，半歸豪右，今無存，故不載。”

② 興隆：《鼓山志序》，黃任：《鼓山志》第 1 冊，鼓山湧泉寺光緒二年（1876）補刻本，第 2 頁。

書館等所收藏的鼓山志均為殘本，《四庫存目全書》收錄了此書，然而影印的底本是國家圖書館藏本，首冊殘缺。筆者所見的此書為全本，是修《四庫全書》時的采進本，彌足珍貴。與黃任本相比，永覺元賢纂修的《鼓山志》無論從內容還是從刊刻品質上都具有更高的文獻價值，而且此志書一直沒有廣為流通，所以本文著重對此書文獻價值加以分析。

二、永覺元賢與《鼓山志》

元賢（1578–1657），字永覺。福建建陽人，俗姓蔡，初名懋德，字暗修，為宋代大儒蔡元定的十四世孫。幼年習儒，推崇周敦頤、程頤、張載、朱熹等人的理學。萬曆三十年（1602），在山中的寺院讀書時，因聽到有人誦《法華經》中的偈頌："我爾時為現，清淨光明身"，歡喜不已，認為"周孔外乃別有此一大事"，於是開始鑽研《楞嚴經》《法華經》和《圓覺經》等大乘經典。第二年，前往福建董巖，隨無明慧經（1548–1618）習禪。四十五年（1617），父母去世後正式出家。慧經是明末著名的禪僧，與紹興雲門顯慶寺的湛然圓澄（1561–1626）並稱為當時曹洞宗的兩大宗匠，分別形成了曹洞宗壽昌系和雲門系兩大禪系。一年後慧經去世，又往信州（江西上饒）博山能仁寺參無異元來，並受具足戒。天啟二年（1622）元賢返回閩中，住沙縣雙髻峰。次年九月，居甌寧縣（今福建建甌市）金仙庵，閉門閱讀大藏經三年。崇禎七年（1634），元賢住持福州鼓山湧泉寺，翌年往泉州真寂禪院和南劍州（今福建南平市）寶善庵。十五年（1642）再度移錫泉州開元寺，後返福州鼓山，前後住持鼓山 23 年，使鼓山終成"八閩叢林之冠”。元賢及其門下所形成的曹洞宗“鼓山系”在整個有清一代都非常興盛，該系的法脈傳承字型大小有二十字：“慧遠道大興，法界一鼎新，通天並徹地，耀古複騰今。”①

在明末清初的社會巨變中，元賢與其他多數曹洞宗僧人一樣，多具有強烈的反清傾向，然而在他的傳記中關於這方面的事情多隱而不提，只是講到在順治十二年（1655）春天時，興化、福清、長樂一帶遭遇戰亂，饑民甚眾，他率僧眾設粥賑濟，又以棺葬死者二千馀人，歷時五十天。他因此受僧俗推崇，慕名問道或求戒者絡繹不絕，“山中所依止率三百餘人，問道受戒，不啻數萬人”②。在清初以學問和氣節為世人所推重的李世熊（1602–1686年）在《史感》中曾留下這樣的記載：“吾聞永覺禪師初得旨於壽昌，後於鼓山開堂。及閩關不守，師掩扉撤座，竟不上堂拈香。蓋釋門中又自有真忠孝、真節義，萬萬非儒生所及者。”③“上堂拈香”為禪門用語，通常於開堂說法之前，拈香祝皇帝萬歲，稱之“祝聖拈香”。若應請擔任住持在初次上堂說法時，除祝聖拈香外，還要為自己得法本師拈香，表明自己的法脈師承，以報答傳法禪師的法乳之恩。元賢於滿清攻陷福建後，掩關撤座而不上堂拈香說法，顯然是不願意為新朝皇帝祝壽。所以被李世熊尊之為釋門中“真忠孝、真節義”者。另外，在魏傑《建立五賢祠序》中還保留了

① 覺苑禪慧：《覺力禪師傳承源流考》，《覺力禪師年譜》，（臺灣）大湖法雲禪寺、旃檀林師子會倡印，1981年，第172頁。

② 潘晉台：《鼓山永覺老人傳》，《永覺和尚廣錄》卷30，《卍新纂續藏經》第72冊，第580頁。

③ 李世熊：《史感》，民國七年（1928）活字本，第28頁。

元賢的一句詩“滿朝袍笏迎新主，一領袈裟哭舊王”，[①] 這句詩同樣反映出元賢強烈的民族意識和氣節觀念。

關於元賢《鼓山志》的記載，在《清史稿》“藝文志”中有著錄，稱“《鼓山志》十二卷，僧元賢撰”[②]。由於元賢在清初時的反清傾向，故清修《四庫全書》，未收此書，僅在《四庫總目提要》中稱：

> 《鼓山志》十二卷（兩淮鹽政采進本），國朝僧元賢撰。其序不標年月，書中記事至順治壬辰、癸巳，則國初人也。鼓山在福州城東三十裡。是書分《勝跡》《建置》《開士》《貞珸》《藝文》《叢談》六門。大旨以佛剎為主，名為山志，實則寺志耳。其凡例有云，茲山知名海內者，實以人重，非以形勝重也。緇徒妄自標置，可謂不知分量者矣。[③]

《提要》雖未分析和批評此書刊於清初卻未標年月的動因，但卻藉凡例中“實以人重，非以形勝重”一語痛加斥責，認為元賢“妄自標置”“不知分量”，反感之情溢於言表，這實際是借貶抑其著書而對元賢加以攻擊，所以此書未被收錄到《四庫全書》中自然也是可以理解了。

關於元賢《鼓山志》的流傳情況。由於清朝政府對元賢的反感態度直接影響了此書的流傳。現在國家圖書館、福建省圖書館和廈門大學圖書館等所收藏的《鼓山志》均為殘本。當初修《四

---

① 魏傑：《建立五賢祠序》，《鼓山藝文志》，海風出版社，2001年，第583頁。

② 《清史稿》卷146，“藝文志”第121。

③ 《四庫總目提要》，文淵閣四庫全書本。

庫全書》時兩淮鹽政的采進本很長時間以來亦不知去向。幸鼓山湧泉寺發心整理鼓山歷代祖師的著作，有編纂《鼓山法藏》之盛舉，經多方搜尋與師友的幫助，筆者得以親睹此沉寂三百五十餘年的絕世善本，無任歡喜！該書現藏於中國社會科學院世界宗教研究所，原系近代著名藏書家趙鈁所珍藏。趙鈁（1905–1984）字元方，世居北京，喜好收藏典籍，藏書室名"無悔齋"，所藏多珍稀善本。世界宗教研究所收藏的這部《鼓山志》以及其他一批善本古籍，均為1980年前後從趙老先生手中所購買。

根據最後一冊封面趙鈁（署名無悔）的題記稱："此八千卷樓藏本，後陳江蘇圖書館，亂後流出，以其有汪魚亭印，故收之。無悔。"八千卷樓為丁丙藏書樓，丁丙（1832–1899）是清末四大藏書家之一，在他的藏書中頗多修《四庫全書》的底本。《八千卷樓書目》中著錄了《鼓山志》，並說是"國朝釋元賢著，原刊本"。汪魚亭即汪憲（1721–1771），字千陂，號魚亭，錢塘（今杭州）人，清初著名藏書家，其藏書之所稱"振綺堂"。乾隆修《四庫全書》時詔求各地藏書，汪憲的長子汪汝溧呈振綺堂所藏秘藉300餘種，因此受到朝廷嘉獎。[①]據此可知，筆者所見元賢《鼓山志》應該是修《四庫全書》時的采進本。根據題記可知，此書原被著名的藏書家汪魚亭收藏，清末藏於以珍藏《四庫全書》善本書而著稱的八千卷樓，而後這批古籍陳列於江蘇省圖書館，後又輾轉流傳至民間。此書第一冊封面右上角有朱筆"地理類""史"等字樣，首頁（《鼓山志序》）中除了"曾在趙元方家"印外，還有"汪魚亭藏閱書""江蘇省立第一圖書館藏書""四庫坿（附）存"等朱印。這亦可印證趙鈁的說法。

---

① 参見鄭偉章：《文獻家通考》，中華書局，1999年。

關於此書的撰述時間，由於元賢不滿於清朝的統治，故於序中未署“大清”或“國朝”的年號，這對於研究其成書時間帶來不少困難。根據上述元賢《鼓山志序》記載，謝、徐的志撰於明萬曆三十六年（1608），而元賢的序作於四十六年之後，即清順治十年（1653）。此外，在元賢的志中，順治的年號出現十一次，其餘十次均在順治八年至十年之間，即《四庫總目提要》中所說的“書中記事至順治壬辰、癸巳”，只有在卷二中有一處記載：“吸江蘭若，在舍利窟。順治乙未冬，僧成源，同信士羅等法建”，順治乙未即為十二年（1655），可能是成書以後在刻印時所增添的內容。綜合元賢的序及正文中的內容推斷，元賢《鼓山志》應編纂於清順治十年（1653）。

三、元賢《鼓山志》內容及特色

元賢《鼓山志》共十二卷，卷一“勝跡志”，載鼓山風景名勝；卷二“建置志”，包括寺宇、支院、橋亭、祖塔等內容；卷三“開士志”，為鼓山傳燈弘法的歷代住持祖師；卷四“貞[illegible]志”，載鼓山摩崖石刻，除詩併入藝文志中；卷五至卷十一“藝文志”，包括碑、序、記、疏、塔銘、賦、銘、詩等內容；卷十二“叢談志”，採擷諸書所記鼓山的奇聞軼事。乾隆刊本《鼓山志》共十四卷，是在前志的基礎上，增補從元賢至興隆百年間鼓山新的內容。筆者通過認真標點校勘元賢本《鼓山志》，發現它與現在流通的黃任本《鼓山志》相比多有勝處。

首先，從內容上看，兩志中每一部分之前均有一篇“志”，概括這一部分的主要內容與作者的編輯宗旨，由於兩志均有重要的文獻價值，故將其列之如下：

順治刊本（元賢《鼓山志》）	乾隆刊本（黃任《鼓山志》）
卷一“勝跡志”：“溪山之勝，雖本天造，亦藉人顯。茲山唐以前，但為龍蟒之宮，虎豹之穴而已。自法幢既建，榛莽漸開，幽巘奇蹤，始經指點，然猶有杖履所未及者。雖有如椽之筆，安能狀其冥奧哉！志勝跡。”	卷一“名勝”：“山海名經，昉自伯益，三代以後，迄於齊梁，志地者二百四十餘家，獨漢桑欽《水經》，支分條析，依仿經體。後魏酈道元注之，博采異聞，粲乎稱大備矣。閩地山水奧區，顧以荒服獨遺紀載。而鼓山距城伊邇，直至唐末始辟洪荒。其中白雲、鳳池諸勝，至明季以後，發其靈秀奇瑋。則名山顯晦，亦有其時。屐齒之所未及，仍莫得而名之。志名勝。”
卷二“建置志”：“金光東照，花宇旋張，然必宅之靈秀，護之王臣，此湧泉所由立也。但天邊之烏兔遄飛，人間之木石易壞，詎可巋然常存乎？遞興遞廢，或革或鼎，玄運物化，本如斯也。志建置。”	卷二“寺院”：“自象教興而精藍蘭若叢布湛嵁巖，非徒為清修者陶冶性真，且為國祝厘，示祈福祥求永貞之義也。鼓山湧泉寺肇自唐季，宋時曾邀賜額，棟宇之盛可稱絕特。顧其後興廢匪一，豈不以其時哉！恭遇聖祖仁皇帝賜額、賜藏，與今上皇帝御賜之藏經在焉，日月之章，球圖之彩，並集祇宇。歐陽子雲有望氣者言，螢光起而燭天必在乎是矣。志寺院。”

	卷三“古跡”：“鼓山肇自唐季，邃古無聞，非若匡廬太室有周秦漢晉之遺文，經古賢之遐賞也。然自靈嶠神晏以還，龍潛鳳翥，仙釋遺蹤，流連景光猶足攄懷古之幽情。即山椒亭榭久就蕪沒，而按其故處庶幾有興墜舉廢者，使得待返其舊觀，豈徒兹山之幸，亦往哲之遺風藉以不泯也已。志古跡。”
卷三“開士志”：“鶴樹談終，金容莫睹，所賴以傳佛心弘佛化者，唯僧。兹山自象骨分輝，興聖肇址，聯燈分照者幾百人，可任其湮沒弗傳乎？志開士。”	卷四“沙門”：“自范史立方技傳，晉唐以來因之，於是佛圖澄、鳩摩羅什、明崇儼桑道茂之徒，昭垂正史。要其清標拔俗，各有宗傳，不可不因其教推而進之也。兹寺自華嚴開山，興聖宣教，衍為曹溪正脈，嗣法有人見於傳燈所紀尚矣。故凡崇闡微言，與夫能興舉頹廢，足為兹山重者，皆傳其出處大斷。志沙門。”

	卷五“田賦”：“後漢顯宗報楚王詔曰：‘王好黄老之言，尚浮屠之教，令還縑以助仁祠，伊蒲之供桑門香積，仰取王公，所自助矣。’《閩郡記》云：‘唐末裡人藍文卿舍田七千餘畝，屋五百間於雪峰，由是寺為叢林第一。’彼固信奉其教，求所謂福田利益者，而其豪舉義，聞為不可及也。湧泉禪寺自五代及宋，田賦稱盛，故山寺以興。勝國以來，豪右兼併，僅有存者。勝跡名區，至今無以為資，逋逃於他所，宜動有心者之感喟矣。今住持扶傾起廢，而供億維艱，豈無有待於檀那之供哉。紀其存十一於千百者，而以宋元明故牒附焉，俾租庸舊額尚有遺冊可徵云。志田賦。”
卷四“貞瑎志”：“名乃五欲之一，世俗之所同好，然猶欲其久也，故必托之金石以傳。不知壑舟夜趨，今古同慨，則為久計者又將焉托乎？姑隨俗好。志貞瑎。”	卷六“石刻”：“峋嶁禹碑，赤文綠字，岐陽石鼓，鬼斧神工。得古人之遺文剩字，金石壽而琪璧珍，不能聽其湮沒也。茲山自宋以來，遊躅所至，選石撰刻，遍佈巖肩。顧苔蝕蘚侵，有久之不辨誰何者。而趙忠定、朱徽國、真文忠，名氏若五星麗天，琳琅巖岫間，其精神所寄，殆有神物護持之不可得而泯歟。志石刻。”

卷五至卷十一“藝文志”:“山自峙,水自流,本無待於文也。自夫人而言之,則若有待於文。蓋以發舒性情,藻繪形器,文之為用大矣。謹摭遺帙,用備觀覽。志藝文。”	卷七至卷十三“藝文”:“山水藉詩文而髮露,斜川蘭亭,綠嶂石門,只培塿小邱耳。至今思其名跡,幾與嵩恒泰華,頡頏今古,豈非彭澤、右軍、康樂諸人,為山川增重與。然蘇子由謂太史西曆覽天下名山川,故其文疏宕有奇氣,柳子厚至柳州後,文乃益奇。是山水亦有功於文人也。寫巖巒於腕下,繪風雲於筆端,茲山自辟荒以來,前人之題詠甚夥。謹就耳目所聞見,纂而輯之,後之君子,可以興矣。志藝文。”
卷十二“叢談志”:“言有正志之所不能收,事有正志之所不能紀,似無裨於大節。然考陳跡而問方言者,其忍以弁髦棄之乎?碎金無非是寶,集毛可以成毯。志叢談。”	卷十四“外紀”:“世說語林旁參正史,神經怪牒廣輯志餘,皆博物之所兼收,談柄之所不廢也。是志編集既略具矣,而遺言軼事之散見者,雖非大體所存,而殘膏剩馥沾丐藝林,則固采風者之所不廢耳。然而郢書燕說,傳聞異辭,必廣摭群籍,折衷於一,庶幾信而可徵云。志外紀。”

此外,兩志每一部分之後都有一篇“論”,最能體現作者的思想傾向及志書的特色,亦列之如下:

鼓山志

順治刊本（元賢《鼓山志》）	乾隆刊本（黃任《鼓山志》）
卷一"勝跡志"："論曰：昔王敬美謂茲山以峻名，以登眺勝靈源之外，奇麗無聞，而議者猶惜其不到鳳池，而白雲洞尚未辟也。蓋山中諸勝，奇秀則稱靈源，超異則稱鳳池，怪險則稱白雲三天門。若夫登高眺遠，兼收山海之奇，為八閩之獨勝者，則屴崱無尚矣。故今古名賢杖履而遊，歎賞之不足，繼之以歌詠者趾相錯也。然大抵皆心逐境遷，神為物系，攸然而開豁，倏然而幽鬱，倏然而身世可捐，倏然而塵埃難脫，豈遊之義乎！豈遊之義乎！孔子登東山而小魯，登泰山而小天下，固當自有別趣也。"	卷一"名勝"："論曰：郡中名山秀甲天下，而鼓岫稱雄者，以形象言為全閩左輔。且興雲降雨，流潤疆域，非徒巖洞幽邃，供人遊覽而已。若夫靈源之奇秀，鳳池之超異，白雲、三天門之怪險，杖履所及，自得於雲嵐縹緲之外，無待鋪張揚厲而後著也。"

卷二“建置志”：“金光東照，花宇旋張，然必宅之靈秀，護之王臣，此湧泉所由立也。但天邊之烏兔遄飛，人間之木石易壞，詎可巋然常存乎？遞興遞廢，或革或鼎，玄運物化，本如斯也。志建置。”	卷二“寺院”：“論曰：沙門遺外世俗，而猶必豐大其居，豈所謂六根無礙五藴皆空者？已自得之而雕甍畫棟，尚介然未能去懷耶？抑修真養粹必之乎幽遐，將待法宇倩深而始澄其觀耶？然前志有云：寺之興廢，山與俱存亡焉。靈秀孕毓之區，創建祇林以合狀輔勢，山若因而高，水若藉而清，松杉檜柏有所培而愈秀矣。是寺之由盛而替，自剝而複者，或山靈與為呵護，未可謂學佛者游方之外而猶拘於方之内也。”
	卷三“古跡”：“論曰：山肇自五季，前此雖有磅礴之氣，特郁於叢莽已，無所為古也，又安問其跡哉。然而藴奇儲秀有開必先，既耀以天光，震以法界，靈異遞著，挹其古香，皆不可以弗志也。兹自唐末以來，數幾千祀，世遠風微，惟山高水清標其遺韻遠致，猶供好事之摩挲。後之視今，不猶今之視昔也夫？”

卷三“開士志”：“論曰：閩中諸剎，首必推雪峰，而鼓山實次之，豈以巖巒之秀麗，登眺之奇偉哉？良以列祖之主斯席者率皆慧光渾圓，足以輝映人天，而光大我覺皇氏也。故古之名賢如張德遠、李伯紀、趙子直、朱晦庵輩，皆能降心折節，相訪於深林僻縠之中，非以其人有足重者乎！勝國以來，風漸不競。及入明，而斯道絕響矣。此其故何哉？蓋宋以前稱住持者，上必奉詔旨降香，次必有監司舉請，故茲山皆極一時之選。勝國但由廣教考中宣政給劄此，可以致抱道之士哉？洪武永樂間，則由僧綱舉報，僧錄給劄。宣德以後，竟置不問。由是裨販如來者率以其力攘之，竊十方之公物，潤一家之私橐，子孫相繼醉濃飽鮮，又安問佛法之何若哉！重興以來，稍提唱斯道，庶幾複見漢官威儀。然當此魔羅競起之日，危如一發引千鈞，而欲希蹤宋唐，不其難乎，不其難乎！”	卷四“沙門”：“論曰：沙門以了悟為宗，學其教者，皆堅苦清修，脫離塵垢。雖其悟有頓有漸，然其外形骸，以理自勝，不為事物侵亂則一也。昔劉屏山語朱子云：吾少官甫田，以疾病時接佛老之徒，聞其所謂清淨寂滅者，而心悅之。比歸，讀儒書，而後知吾道之大，體用之全乃如此。君子之不囿於方而識所決擇，若是也。是編所載，自神晏來，幾及千年，猶有嗣其法以相傳者。觀其遺外世俗，自爵然自拔於泥塗，皆卓犖可記，度亦超曠之士所樂得而傳之歟。”

	卷五“田賦”：“論曰：謝氏舊志稱：五代田數無考。而寺僧云：閩忠董忠王施僧田至八萬四千畝，遺冊猶存。至宋時，已去其七，元明以後，寖以侵削，至今可紀者僅餘百畝，然皆山僧續墾磽確，與募緣所購，問其故業，已蕩然無複存矣。夫以千指焚修，而所供只十之一，何以令香積無虧而超然塵壒之外耶？昔謝氏論田賦云：寺之創也，千乘之主，傾國貲給之。而其衰也，閭裡右姓，攘其糊口。一予一奪，夷蹠判矣。林文恪志郡事至鼓山，慨然於僧之無田以居其徒，則欲全勝概而庇叢林，所以杜薄德之萌而為護法之主者，當必有道矣。”

卷四“貞瑨志”：“論曰：湧泉之興廢，路人能言之也，夫亦知易之道乎？《易》曰：“上棟下宇，以待風雨”，蓋取諸大壯，取其四陽之方盛也，亦取其盛而未極也。又曰：“棟隆，吉，以其剛而得中也。棟撓，凶，以其柔而失中也。”豈非以宮室不欲其過盛，且必有剛中之德以持之，不則有棟撓之凶而已。昔湧泉之盛也，飛甍峻宇，已極人間之巨麗，猶賴有德者居之，庶可持盈而不墜。厥後以涼德處盛極之勢，如之何不至湮沒乎？故雖以列祖之德，閩王之威，而曾不能與樵豎之火格數也，亦理也。今茲再造，僅逮古人之半，而居者猶以缺陷為恥，遊者且以觀覽未壯為嫌，獨不思古之學佛者，樹下可宿，塚間可居。今之湧泉固非樹下塚間之比，況剛中之德未聞而妄希棟隆之吉，無論其求之弗得，營之弗就，即能媲美前規，亦安能保其無棟撓之凶乎？是亦未講於易之道也。”	卷六“石刻”：“論曰：謝氏前志謂：宇內名山銘刻之多，未有逾是山者。入靈源洞三裡許，削壁林立，殆無寸隙，豈非前人自愛其名而思有傳於後歟。又云：自曹能始往錄其十一，陳汝翔往錄其十二，最後武林自與徐興公、周喬卿往錄其十七，而漫滅不可辨，險絕不能至，與創庵圍垣所蔽而毀者尚居其三，何其多歟。自是以後，續前賢遺跡、磨巖而記者又何少耶。曩觀《金石錄》與《墨池篇》所載，凡山巖鐫銘識刻，靡不收錄。惜乎茲山晚出，昔賢墨蹟不備載其中，與之後先輝映也。然登是山者，得按籍以求，不啻披靈威之篇而發宛委之藏也夫。”

卷五至卷十一“藝文志”:“論曰:鼓山之名，唐以前未著，故詩文亦少見聞。朱梁時有徐寅靈源洞記及十二詠，皆軼弗傳。自宋以後始見篇什，而傳者蓋亦寡矣。至明永樂間，僧善緣始輯之為《靈源集》，嗣有僧古鑒再輯之。至萬曆間謝武林徐興公始為志，收羅稱大備焉。迨今幾三十載，興公複收之，為續志，餘乃得因二志而更益之。蓋斯文未墜，人握隋珠，將來源源未有艾也。予獨悲夫江山如故，佛國長存，而撩(揮－軍＋弱)管登壇者卒如浮雲幻影，倏忽有無。雖曰名存實將安在，況久之名亦不存，則立言稱不朽者不亦難乎！是知必有貫今古、參天地，卓然而不可泯者，故不在區區名字之末也。或者猶思希蹤韓柳，比肩李杜，謂名決可不墜，愚以為韓柳李杜特雕蟲刻楮之雄而已，丈夫豎立可不圖其大哉？”	卷七至卷十三“藝文”：“論曰：是山著跡後，篇章茲多。自僧善緣輯《靈源集》，其後僧古鑒繼之。而陳季《慈山銘》、徐德夫《請雨記》鐫在巖石，皆遺弗載，經徐、謝剔蘚乃出。然以謝氏編錄，幾集大成，尚雲唐末徐寅靈源洞記及十二詠已軼不傳，則近世名篇未經流布者尚多。茲編采摭期於詳備，然夜光之璧，無因至前，亦惟滋企想已。風流未墜，述作滋多，有歷劫不泯者，將複珥筆而書其後矣。”

卷十二“叢談志”：“論曰：茲志所載，俱非大節所系，似亦可略。然嘗遍讀儒家諸經及歷朝正史，豈非傳世之大典哉？其中鳥獸草木之繁，器用文物之富，非博及諸書者鮮能盡通。故知大舜詢及芻蕘，誠為至訓；禮失必求之野，決非漫談。昔閩人有吳海者，謂諸子百家六經之賊，外紀野錄正史之賊，欲盡去之。不知楚之萍實魯之爰居、漢之劫灰，又孰從而辯之哉？余謂君子之學，當先其大而後其小，務其本而遊其末，則片言隻字、異書曲典，皆藥籠中物也。然猶見世有負盛名、稱博雅者，日探討瑣僻以自張，至於身心性命之微，禮樂刑政之大，古今治亂之故，率皆鹵莽涉獵，間有陳論，如魘寐中語，則何其隘而鄙也。譬之井中之鮒，樂升鬥之水以自濡，而溟渤之滄茫浩渺非所願矣。擴而大之，不亦善乎？”	卷十四“外紀”：“論曰：囊餘輯郡乘博摭群書於外紀一類，所得尤繁，限於卷帙弗盡載也。夫叢編秘錄，擷其大要，可以紀善敗示勸懲，即瑣事微詞別含寄託，往往得風人之旨趣。此史外類鈔高齋筆記，昔人樂得而編之也。或以是帙為讖記之文，仙靈之跡，依光以開洞，聞聲而斷石，稍涉神怪，有類浮誇。不知石言神降，左史所書，貳負之屍，支祁之神，《山海經》所載，流傳自昔，印證非虛，安得謂非實錄也？識大識小，兼綜不遺，庶備考訂雲爾。”

由於永覺元賢為宗門尊宿、禪門祖師，而黃任則為碩學之士、儒門大家，從兩志每一門的“志”與“論”可以看出，二者的編輯旨趣略有差異，可謂相互輝映，相得益彰。如元賢《鼓山志》卷三“開士志”的“論”中談及鼓山古來住持盛德時說：“故古

之名賢如張德遠、李伯紀、趙子直、朱晦庵輩，皆能降心折節，相訪於深林僻穀之中，非以其人有足重者乎！”而黃任在“沙門”篇中的“論”中則說：“昔劉屏山語朱子云：吾少官甫田，以疾病時接佛老之徒，聞其所謂清淨寂滅者，而心悅之。比歸、讀儒書，而後知吾道之大，體用之全乃如此。君子之不囿於方而識所决擇，若是也。”一僧一儒，所處的立場不同，所以在論及士大夫傾心於佛教時各有特色。又元賢在所撰的《鼓山志》中，表現出對佛教盛衰強烈的憂患意識，如“貞瑉志”，在論及鼓山摩崖石刻時，對湧泉寺的興廢產生無限感慨：“昔湧泉之盛也，飛甍峻宇，已極人間之巨麗，猶賴有德者居之，庶可持盈而不墜。厥後以涼德處盛極之勢，如之何不至湮沒乎？故雖以列祖之德，閩王之威，而曾不能與樵豎之火格數也，亦理也。”

四、歷代《鼓山志》所載鼓山湧泉寺住持列祖

關於元賢《鼓山志》所載的鼓山湧泉寺歷代住持，對於研究鼓山禪宗法脈傳承具有重要價值。在不同版本的《鼓山志》中，所記載的鼓山歷代住持多有差異，然由於資料闕如，以往多未引起注意。近代虛雲在《增訂鼓山列祖聯芳集序》中曾指出：

《聯芳集》一卷，為本山第十三代住持宋慶麟禪師創始，三十七代孤峰惠深禪師繼之。孤峰，宋紹興中住持。今刊本及於明正統中簡翁禪師，則不知誰所繼輯。簡翁至今，又四百餘年矣，其間住持已五六十易，《山志》所紀，止於清乾隆遍照禪師，以下則無紀載。明以前《聯芳》與《山志》所紀，間有異同，使年

更久，益莫衷其是。前此住持，皆不顧慮及此，余常愵然憂之。[①]

《山志》即為黃任編修的《鼓山志》。虛雲禪師有感於此，故有增訂《鼓山列祖聯芳集》之舉，“乃始取《山志》與《聯芳集》二本參證，以別集一一正之。乾隆以前之住持，暦略折二本而增削之，庶就於簡明。乾隆以後，則本於碑記、萬年簿，及故老遺聞，可采者紀之，其無徵者，或存名而闕史，昭其實也”[②]。由於虛雲禪師主要依據黃任《鼓山志》和《鼓山列祖聯芳集》的記載，而未獲睹見元賢的《鼓山志》及前述道光年間陳祚康《續修鼓山志》稿本，所以雖然訂正了部分錯誤，但仍然有所缺憾。由於上述志書記載的鼓山歷代住持情況有所不同，茲將諸本所載列之如下：

歷代住持	順治刊本（元賢《鼓山志》）	康熙刊本（黃任《鼓山志》）	道光稿本（陳祚康《續修鼓山志》）	虛雲《增訂鼓山列祖聯芳集》
靈嶠禪師	開山	開山	開山	開山
興聖神晏	第一代	第一代	第一代	第一代
了覺智嚴	第二代	第二代	第二代	第二代
了宗智嶽[③]	第三代	第三代	第三代	第三代
了悟清鶚	第四代	第四代	第四代	第四代
清球禪師	第五代	第五代	第五代	第五代
法廣禪師	第六代	第六代	第六代	第六代
法謙禪師	第七代	第七代	第七代	第七代
常遵禪師	第八代	第八代	第八代	第八代
圓應禪師	第九代	第九代	第九代	第九代
如或禪師	第十代	第十代	第十代	第十代
常悋大師	第十一代	第十一代	第十一代	第十一代
德建禪師	第十二代	第十二代	第十二代	第十二代
慶麟大師	第十三代	第十三代	第十三代	第十三代

① 虛雲：《增校鼓山列祖聯芳集》，鼓山刻本，1936 年重印版。

② 同上。

③ “了宗智嶽”，《增校鼓山列祖聯芳集》誤作“了宗宗嶽”。

啟譸禪師	第十四代	第十四代	第十四代	第十四代
德蕤禪師	第十五代	第十五代	第十五代	第十五代
定慧顯宗	第十六代	第十六代	第十六代	第十六代
祖月善譽	第十七代	第十七代	第十七代	第十七代
圓覺潛洞	第十八代	第十八代	第十八代	第十八代
有需禪師	第十九代	第十九代	第十九代	第十九代
禪鑒體淳	第二十代	第二十代	第二十代	第二十代
慶璋禪師	第二十一代	第二十一代	第二十一代	第二十一代
木蛇禪師	第二十二代	第二十二代	第二十二代	第二十二代
佛鑒法勳				第二十三代
竹庵士珪	第二十四代	第二十三代	第二十三代	第二十四代
圓覺宗演	第二十五代	第二十四代	第二十四代	第二十五代
佛心本才	第二十六代	第二十五代	第二十五代	第二十六代
別峰祖珍	第二十七代	第二十六代	第二十六代	第二十七代
蓬庵宗逮	第二十八代	第二十七代	第二十七代	第二十八代
山堂僧洵	第二十九代	第二十八代	第二十八代	第二十九代
石庵師玿	第三十代	第二十九代	第二十九代	第三十代
木庵安永	第三十一代	第三十代	第三十代	第三十一代
寒巖道升	第三十二代	第三十一代	第三十一代	第三十二代
夢堂守愚	第三十三代	第三十二代	第三十二代	第三十三代
小庵德最	第三十四代	第三十三代	第三十三代	第三十四代
直庵元嗣	第三十五代	第三十四代	第三十四代	第三十五代
海庵南瑩	第三十六代	第三十五代	第三十五代	第三十六代
孤峰惠深	第三十七代	第三十六代	第三十六代	第三十七代
檜堂祖鑒	第三十八代	第三十七代	第三十七代	第三十八代
芥庵慧意	第三十九代	第三十八代	第三十八代	第三十九代
自牧行謙	第四十代	第三十九代	第三十九代	第四十代
枯禪自鏡	第四十一代	第四十代	第四十代	第四十一代
廣慧德融	第四十五代	第四十一代	第四十一代	第四十二代
北山宗信	第四十六代	第四十二代	第四十二代	第四十三代
不群清越	第四十七代	第四十三代	第四十三代	第四十四代
無行達真	第四十八代	第四十四代	第四十四代	第四十五代
無關普門	第四十九代	第四十五代	第四十五代	第四十六代
月庭至華	第五十代	第四十六代	第四十六代	第四十七代

佛慧元智（愚穀）	第五十一代	第四十七代	第四十七代	第四十八代
介石法琪	第五十二代	第四十八代	第四十八代	第四十九代
皖山正凝	第五十三代	第四十九代	第四十九代	第五十代
石室彌堅	第五十四代	第五十代	第五十代	第五十一代
佛鑒俊明（圓照）	第五十五代	第五十一代	第五十一代	第五十二代
佛慧光聳（妙辯平楚）	第五十六代	第五十二代	第五十二代	第五十三代
在山道傑（慈濟廣辯佛心）	第五十七代	第五十三代	第五十三代	第五十四代
無在妙有（通悟）				第五十五代
無見文鑒（普炤）				第五十六代
隱山至詮（佛慧）				第五十七代
普炤師信				第五十八代
雪巖至嵩				第五十九代
無覺正知（弘智）				第六十代
海翁如山（正宗穎悟）	第六十四代	第五十四代	第五十四代	第六十一代
不傳崇祖（慧燈普照）	第六十五代	第五十五代	第五十五代	第六十二代
玉巖崇室				第六十三代
自菴覺我				第六十四代
用明懋詷（本覺明妙真淨圓照）	第六十八代	第五十六代	第五十六代	第六十五代
大愚大賢				第六十六代
教中德遺				第六十七代

古木宗枝				第六十八代
方外大超				第六十九代
光嚴師景				第七十代
智潔禪師				第七十一代
虛庵普淨	第七十五代	第五十七代	第五十七代	第七十二代
獨芳宗繁	第七十六代	第五十八代	第五十八代	第七十三代
藍田正玉				第七十四代
了心善緣	第七十八代	第五十九代	第五十九代	第七十五代
簡翁文穹	第七十九代	第六十代	第六十代	第七十六代
民中無隱				第七十七代
古鑒朗明				第七十八代
心源祖達				第七十九代
元暉德鑒				第八十代
古規道恂				第八十一代
雅堂永宣				第八十二代
希聖原賢				第八十三代
道江□佛				第八十四代
慧欽禪師				第八十五代
高菴圓清				第八十六代
一清天昊				第八十七代
月菴圓照				第八十八代
賢深禪師				第八十九代
澄芳性清				第九十代
性聰禪師				第九十一代
無異元來（大艤）	重開山	第六十一代	第六十一代	第九十二代
雪關智誾		第六十二代	第六十二代	第九十三代
永覺元賢		第六十三代	第六十三代	第九十四代
覺浪道盛		第六十四代	第六十四代	第九十五代
為霖道霈		第六十五代	第六十五代	第九十六代
惟靜道安		第六十六代	第六十六代	第九十七代
恒濤大心		第六十七代	第六十七代	第九十八代
圓玉興五		第六十八代	第六十八代	第九十九代
象先法印		第六十九代	第六十九代	第一百代
淡然法文		第七十代	第七十代	第一百一代

常敏法睿		第七十一代	第七十一代	第一百二代
遍照興隆		第七十二代	第七十二代	第一百三代
清淳法源				第一百四代
東陽界初				第一百五代
道源一信				第一百六代
繼雲鼎善				第一百七代
承祖法慧			第七十三代	
了堂鼎徹			第七十四代	第一百八代
慧周天智				第一百九代
寶性新妙			第七十五代	
滋亭通雨			第七十七代	第一百十代
圓智通完				第百十一代
鷺田通月			第七十六代	第百十二代
增輝新灼				第百十三代
密庵通梵			第七十八代	第百十四代
六坤通明				第百十五代
能持天性				第百十六代
思成天經			第七十九代	
雲程兼忍				第百十七代
雲程兼慈			第八十代	
淨空徹印			第八十二代	
淨空兼印				第百十八代
光輝天明				第百十九代
鳳超兼飛				第百二十代
宗通地諱			第八十一代	第百二十一代
宏志通華				第百二十二代
奇量徹繁				第百二十三代
今品耀華				第百二十四代
懷忠地聖				第百二十五代
妙蓮地華				第百二十六代
圓朗古月				第百二十七代
振光古輝				第百二十八代
達本悟源				第百二十九代
虛雲古巖				第百三十代

由上表可以看出，從第一代神晏國師到第二十二代木蛇禪師，各書所載均相同。然從二十三開始，各本之間差別很大。元賢《鼓山志》“凡例”中說：“兹山知名海內者實以人重，非以形勝重也。歷代住持，今擇其尤者各為立傳。永樂之後，住持德不稱位，悉削去。”① 所以元賢的志是根據實際住持的順序加以記載的，遇有不稱職的則闕載，如二十三代，以及四十二至四十四代、五十八代至六十三代、六十六代至六十七代、六十九代至七十四代、七十七代，以及無異元來之前的十五代，共有三十四代沒有記載。但黃任的志則徑以二十四代竹庵士珪禪師作二十三代，其他所闕的住持不加任何說明而將各代連續記載。對此，虛雲老和尚在增訂《鼓山列祖聯芳集》中已發現此問題：

> 《聯芳集》此下四十二至四十三代，不著祖名。有附記云：“自紹定己醜至嘉熙丁酉，凡九載，曆住持三代，以祖堂既因火廢，而《列祖錄》又脫去二枚，故闕。”按《靈源集》中有宋鄧肅《別鼓山珠公詩》，姑識之，以俟再考。《鼓山志》則不著痕跡，自四十一代枯禪二師下，直得《聯芳集》所列之四十五代之廣慧禪師，為四十一代。以理例論，則山志之斷代直續，實非為是。然代遠年湮，其三代之闕名無從查考。姑依山志直續數系，而兩志其因緣如右。②

虛雲老和尚共增補了三十一代，但是四十二至四十三代卻依然文獻無徵而付闕如，不得已還是和黃任的《鼓山志》一樣，直續其代數。元賢《鼓山志》雖然部分名不稱位元的住持沒有立傳，

---

① 元賢：《鼓山志》，“凡例”，第1冊。

② 虛雲：《增訂鼓山列祖聯芳集》，第10頁。

但是卻忠實地記載了各代傳承的情況，說明其著述是很嚴謹的，這對於進一步研究鼓山的法脈傳承具有重要的意義。

五、元賢《鼓山志》的版本與校勘價值

從上文中論述的順治刊本與康熙刊本《鼓山志》的內容與特色，以及兩志所載湧泉寺歷代住持的比較，可以明顯看出前者的文獻價值。當然，黃任的新志的價值亦不可磨滅，特別是補充從清初元賢到乾隆年間遍照興隆禪師之間百餘年的新內容。由於黃任新修《鼓山志》為至今尚在刷印流通的版本，通過與元賢舊志的比較並認識其不足，可以為以後重修《鼓山志》提供參考。下面從版本校勘的角度進一步對順治刊本《鼓山志》的價值作以探討。

第一，順治刊本收錄的內容有的未為乾隆刊本所收。例如，前述《鼓山列祖聯芳集》是宋代鼓山住持慶麟撰述，明代孤峰惠深禪師繼修，近代虛雲老和尚又加以修訂增補，是為《增訂鼓山列祖聯芳集》。《列祖聯芳集》今已不存，元賢《鼓山志》收錄有慶麟的序文，卻未被後來黃任的新志收錄。後者僅收錄了明代惠深的《列祖聯芳集後序》，內容與元賢的志所收的相同。通常情況下，後來遞修的山志應該儘量吸取前志的內容，況且《列祖聯芳集》為記載鼓山歷代祖師傳承的重要著作，黃任的新志未收此書的序，不能不說是其疏漏。元賢《鼓山志》所載《列祖聯芳集序》云：

> 聖宋皇祐二年庚寅歲仲春，余自萬安歸故山。越明年暮春，有知興化軍屯田俞公，假道福唐來遊是院，予因迎見之。及坐，公輒問曰："鼓山開創於今有年，累

世子孫升堂嗣續，星歲始末，其有錄乎？”予對曰：“往世難於稽考，近事尚可訪詢。”公笑曰：“傳家之譜，何可闕歟？盍亦采而集之。”予退而討諸舊志，詢諸耆年，得當代宗師法要行實，存諸別錄。此則但記其住持初終，聯燈繼業，總成一集，置於開山國師真堂，俾司是堂者遞相傳世，毋墮前事。後之住持，當繼歲月，為列於後。①

第二，兩本均有收錄，但內容又所差異。如《靈源集》為鼓山最早編纂的山志，是鼓山住持善緣於明永樂三年至六年之間（1405–1408）成書的，惜久已佚失。兩書均收錄《靈源集序》，但內容卻有很大的差別：

元賢《鼓山志》	黃任《鼓山志》
靈源乃鼓山之洞名，洞何為而有集也？蓋集古今名公巨卿登覽之所題詠也。鼓山之名，唐以前不甚著，始自唐初，有彩鳳來浴於大頂之池，郡人以為瑞故，城中立鳳池，扁以應之。又有白龍潛於屴崱之下，維時神僧靈嶠者頌《華嚴》於石上，其龍聽法遂舍去，因建華嚴寺，尋廢。至梁開平二年，閩王審知複創寺，賜名湧泉。開山者，神晏國師也。	靈源乃石鼓山之洞名，何為而有集也？蓋集古今名公巨卿、文人墨客登覽之所題詠也。然而鼓山大剎創自梁開平二年，迄今五百餘歲矣。檀越者誰？王審知也。開山者誰？神晏國師也。若其山之靈異，亦有可言者焉。始有彩鳳來浴於大頂之地，而池面郡治，使郡人無燹火之虞，故郡人立鳳池匾於郡城中以應之。又有白龍潛於屴崱下之潭，維時神僧靈嶠者閱《華嚴》於石上，其龍聽法遂舍去，因斯祥而辟斯寺。

① 元賢《鼓山志》卷5，第2冊，第12頁。

其寺之棟宇翬飛，金碧交映，喬松蒼檜，煙雲繚繞，隱然若耆崛之境。	其寺之棟宇翬飛，金碧交映，喬松蒼檜，煙雲繚繞，隱然蓬萊仙境也。
寺之右由石徑，陟於石門詣普賢境界亭，度松關亭。松關下一裡許，庵曰圓通。少曲數百武有半山亭。	寺之右皆石徑，陟於石門諸普賢境界，度松關亭。（以下十九字無。）

從二者所收的內容看，前者文字精煉，且敘事清楚明瞭，而後者則用語粗淺，敘事冗長。如前者載："至梁開平二年，閩王審知複創寺，賜名湧泉。開山者，神晏國師也。"而後者則作："然而鼓山大剎創自梁開平二年，迄今五百餘歲矣。檀越者誰？王審知也。開山者誰？神晏國師也。"又前者中"彩鳳來浴""神僧靈嶠"誦《華嚴經》降服白龍，以及神晏國師開山，按時間順序敘述清晰。然後者則現書神晏開山，後記靈嶠創寺，不符歷史事實，顯然屬於編者或刊刻時錯亂所致。

第三，從雕版印刷來看，元賢的《鼓山志》刊刻精美，文字校勘審慎，而黃任本則在雕體裁、印刷以及文字等方面均有很多錯誤。如元賢志卷三載："二十二年，膽八大師開西番戒於杭州，移文請師與焉。"黃任本則作："二十二年臘八，大帥開西番戒於杭州，移文請師與焉。"按：膽八大師，即膽巴大師，為元代藏傳佛教著名高僧。"膽"與"臘"因形近而誤刻。如此誤刻，隨處可見。凡此種種，均可看出元賢所編的《鼓山志》不僅屬於珍稀的善本古籍，而且具有極為重要的文獻價值。